청소년들의 진로와 직업 탐색을 위한
잡프러포즈 시리즈 26

화려한 저음의 매력

더블베이스*

일러두기

- 외래어 표기는 현행 한글어문규정의 외래어표기법을 따랐습니다.
- 단체의 명칭과 개념에 따라 더블베이스(Double bass)와 콘트라바쓰(Der Kontrabass)를 혼용해 사용했습니다.

청소년들의 진로와 직업 탐색을 위한
잡프러포즈 시리즈 26

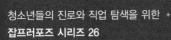

화려한 저음의 매력

더블베이스

강선률 지음

사람들에게 다 물어보시라고요.
지휘자는 없어도 되지만,
콘트라베이스만은 빼놓을 수 없다는 것을
음악을 아시는 분이라면 누구나 인정할 겁니다.
결국 제가 지금 말씀드리고자 하는 것은
콘트라베이스가 오케스트라 악기 가운데
다른 악기들보다 월등하게 중요한 악기라는 것을
이 자리에서 서슴없이 말씀드릴 수 있다는 것입니다.
비록 사람들이 그렇다고 생각하지는 않지만 말입니다.

– 파트리크 쥐스킨트의 단편소설 『콘트라베이스』 중에서

기타 코드를 하나 잡고,

줄을 튕기면 그게 음악이야.

— 시드 비셔스, Sid Vicious —

C·O·N·T·E·N·T·S

C·O·N·T·E·N·T·S

더블베이시스트
강선률의 프러포즈

여러분, 안녕하세요?
저는 더블베이스 솔리스트 연주자 강선률입니다.

제가 더블베이스를 솔로로 연주하는 베이시스트라고 하면
사람들이 모두 놀라세요. 그렇게 작은 체구로 어떻게 커다란
더블베이스를 연주하냐고 하시죠. 더블베이스는 보통 성인
남성보다도 크기가 큰 악기 아니냐고 되묻곤 해요. 그럴 때
마다 저는 더블베이스에 대해 조곤조곤 설명해 드려요. 악기
의 모양과 크기가 다양하기 때문에 선택의 폭이 넓어서 체구

가 작은 저는 조금 작은 악기를 쓰고 있다고요. 그리고 체력적으로 힘든 부분도 있지만, 그 부분을 충분히 덮을 만큼 매력 있는 악기라고 말씀드리죠.

더블베이스는 오케스트라든 솔로든 큰 무대든 작은 무대든 각각 다른 매력으로 연주자인 저에게 희열감과 성취감 그리고 인생에 대해 고마움을 느끼게 해주는 친구예요. 어떤 분들은 더블베이스는 병풍 아니냐, 오케스트라 뒤에서 '둥둥' 거리기만 하는 것 아니냐, 조연의 악기 아니냐고도 하시죠. 물론 조연이라는 이미지, 크고 둔하다는 이미지가 있는 건 사실이에요. 하지만 더블베이스는 자기 자리를 지키며 묵묵히 오케스트라의 지지대 역할을 하죠.

저에게 가끔 슬럼프에 빠진 분들이 특정한 곡을 연주해달라고 의뢰를 하실 때가 있어요. 연주가 끝나고 나면 그 음악으로 치유가 되었다는 말씀을 하세요. 연주하는 저 또한 힐링이 되고요. 저의 연주가 사람들의 상처를 치유하고 감성이 풍부해지는 걸 느꼈을 때 정말 보람된 순간이에요.

세상에 돈을 많이 버는 직업은 많아요. 사실 저희 직업이 명예에 비해 돈을 많이 벌 수 있는 직업은 아니랍니다. 그럼에도 불구하고 여러분에게 저의 직업을 프러포즈하는 이유는

무대에 섰을 때의 희열감, 벅차오르는 감동, 박수갈채를 받았을 때의 보람 등을 알려드리고 싶어서예요. 공연이 끝나고 나면 이 악물고 연습했던 시간이 파노라마처럼 지나가면서 인생을 살아갈 힘을 얻어요. 그리고 다시 연습실로 돌아가죠.

지금도 세계 곳곳에서 완벽한 연주를 위해 많은 연주자가 연습하고 있겠죠. 세상을 지키는 히어로가 있다면, 우리와 같은 음악가, 더 넓은 의미로 예술가는 그 히어로를 치유하는 사람이 아닐까요?

음악을 전공하고 있는 친구들은 물론, 전혀 접하지 않았던 친구들에게도 더블베이스를 소개하고 싶어요. 더블베이시스트가 되라고 강요하는 것이 아니에요. 저는 이 책이 청소년에게 더블베이스를 통해 폭넓게 예술이라는 분야로 시야를 넓히는 계기가 되었으면 좋겠어요.

더블베이스는 오케스트라 뒤편에서 조연의 역할만 한다는 오해를 받지만, 인생에 조연, 주연이 따로 있나요? 내 인생에서의 주연은 바로 나 자신이죠. 더블베이스와 함께 인생의 주인공이 되어 보세요.

첫인사

토크쇼 편집자 - 편

더블베이시스트 강선률 - 강

편 먼저 자기소개를 부탁드려요.

강 안녕하세요. 더블베이스 솔리스트 연주자 강선률입니다.

편 이 일을 하신 지는 얼마나 되셨나요?

강 저희와 같은 예술 분야는 어릴 때 전공을 시작해서 어느 정도의 실력으로 연주가 가능하게 되면 무대 위에 설 수 있기 때문에 이 일을 한 기간을 말하자면 유년기부터라고 말씀드려야 할 것 같아요. 아마 모든 음악인이 대부분 저와 비슷하실 거예요.

시작은 피아노였어요. 엄마가 취미로 피아노를 배우셨는데 레슨받는 곳을 따라갔다가 피아노 소리를 듣고 저도 배우겠다고 나섰죠. 아직도 생생하게 기억나요. 큰 홀 같은 공간에서 그랜드 피아노에 앉아서 레슨받는 엄마의 모습이요. '우리 엄마에게도 저런 모습이 있구나. 나도 저 멋진 그랜드 피아노를 치고 싶다' 이런 생각을 했어요.

만 여섯 살 때 처음 레슨을 받았어요. 이때부터 제 음악 여정이 시작되었죠. 손을 이용해서 다채로운 화음을 만들 수 있다는 사실이 어린 저에게 매력적으로 다가왔던 것 같아요. 그렇게 피아노를 시작해 중학교에 진학할 무렵에 이미 전공자로서 진로를 결정했어요. 고등학교 1학년 때 피아니스트로 데뷔를 해서 대학교 2학년 때까지 피아니스트의 삶을 살았죠.

더블베이스는 스물두 살에 시작했어요. 악기를 접한 그 해에 대학 입시를 다시 치렀죠. 물론 수능도 다시 봤고요. 스물세 살 때부터 오케스트라 객원 연주자로서 활동했으니까 더블베이시스트로 일한 지는 11년이 되었네요. 하지만 처음 음악을 접했을 때부터 시작했다고 본다면 음악인으로는 27년, 피아니스트로는 16년이라고 말할 수 있어요.

더블베이스 솔리스트 데뷔는 유학을 마치고 한국에서의 귀국 독주회를 기준으로 2017년 12월이에요.

편 더블베이시스트라는 직업을 선택한 이유가 있나요?

강 제가 어렸을 때 몸이 많이 허약했어요. 초등학생 때는 일주일 중 5일은 병원에 입원해 있어야 했죠. 피아노는 병원 생활을 지탱해 주는 유일한 친구였어요. 취미로 시작한 피아노가 자연스럽게 제 꿈이 되었죠. 그런데 제 꿈이었던 피아니스트가 되었지만 그렇게 행복하지 않았어요. 현실적으로 피아노 전공자는 이미 포화 상태고 저는 점점 피아노에 대한 흥미를 잃었어요. 스무 살이 넘어서 자아 정체성의 혼란이 온 거죠. 그 무렵 수강했던 심리학 수업이 제 삶을 돌아보게 된 계기가 됐어요. 그 수업을 들으면서 제가 원하는 삶에 대해 깊이 고민하게 되었죠.

"피아니스트는 이제는 나의 길이 아니다. 나는 젊다. 새로운 인생을 위해 넓은 마음과 시야로 모든 것에 도전해보자"고 결심했어요.

그러던 중 제 삶을 송두리째 바꾸는 계기가 된 사건이 있었어요. 대학 때 피아노 지도 교수님께서 예술의전당 콘서트홀에서 오케스트라와 협연 공연을 하게 되어서 청중으로 관람을 하게 됐어요. 처음에는 당연히 저희 교수님의 피아노 연주에만 집중했어요. 그런데 점점 오케스트라 뒤편에 있는 더블베이스에 시선을 빼앗기게 되더라고요.

더블베이스가 오케스트라 전체를 받쳐주는 든든한 버팀목 같았어요. 박자가 흔들리지 않게 짚어주는가 하면, 약하게 나올 때는 한없이 깊고 부드러우면서 저음의 안정감을 보여주고, 강하게 나올 때는 천둥·번개가 휘몰아치듯이 강하면서도 빠른 연주를 하는 더블베이스 매력에 흠뻑 빠지고 말았어요. 너무 충동적이지만, 더는 피아노를 하고 싶다는 생각이 들지 않았어요. 더블베이스에 빠지고 나니 다른 것은 보이지 않았어요. '이거 아니면 안 되겠다'는 생각에 학교를 부모님 동의도 없이 자퇴하고 더블베이스를 시작했어요.

편 16년 동안 함께 한 피아노를 그만두기가 쉽지 않았을 것 같아요. 주변의 반응은 어땠나요?

강 부모님의 반대가 엄청 심했어요. 경북 영주에 거주하시는 부모님한테는 더블베이스라는 악기 자체가 생소했으니까요. 특히 학교를 자퇴한 저의 행동이 무모하다고 생각하셔서 지원을 잘 해주지도 않으셨어요. 지금 생각하면 너무 무모한 행동이었지만, 아직도 그 행동에 대해서는 후회한 적이 한 번도 없어요. 얼마 살지 않은 제 인생에서 제일 잘한 일 중 하나입니다.

편 부모님도 지금은 많이 달라지셨겠네요.

강 저의 든든한 지원자이시죠. 부모님께서도 지금은 더블베이스로 전향하길 잘한 것 같다고 말씀하세요. 저의 1번 청중이세요. 가끔은 달콤하고 듣기 좋은 칭찬을, 가끔은 쓰디쓴 충고도 아끼지 않고 해주시죠. 가족 중 여동생이 비평을 제일 잘해요. 여동생 또한 1번 청중이에요. 가족의 응원은 음악을 하는 데 도움을 주는 존재예요.

🔲 이 직업을 프러포즈하는 이유는 뭔가요?

🔲 앞에서도 말씀드렸듯이 어린 시절 오랜 병원 생활에 지친 저에게 유일한 친구는 피아노뿐이었어요. 피아노로 인해 심리적인 상처를 치유할 수 있었죠. 그 시기는 사춘기까지 겹쳐서 피아노에 더 의지했던 것 같아요. 음악에 대한 사랑이 샘솟던 시기였어요. 그때의 어린 저는 '몸과 마음을 가위로 잘라 오려내도 음악으로 충분히 치료받을 수 있어. 내가 이렇게 치유된 것처럼 타인들도 음악으로 치유할 수 있지 않을까? 게다가 나로 인해서 다른 사람들이 행복을 느끼고 상처를 치유할 수 있다면 더한 행복이 없을 거야'라고 생각했어요. 음악을 하고 싶은 학생들이라면 저와 같은 감정을 느끼는 친구들이 분명 있을 거예요. 음악으로 행복해지고 싶고 더 나아가 다른 사람들에게도 행복을 주고 싶은 친구들에게 더블베이스를 소개하고 싶어요.

더블베이스라는 악기는 정말 매력적이에요. 인간이 가장 안정감 있게 듣는 음역이 중저음역이죠. 악기로 치면 첼로와 더블베이스가 성인 남성의 목소리 톤과 비슷해요. 그래서 저는 제 악기를 '남치니'라고 불러요. 이 매력적인 악기를 만나게 하고 싶어요. 오케스트라 연주자로서 섰을 때, 솔리스트로 독무대에 섰을 때, 모두 각기 다른 매력의 희열이 있어요. 그 희열 때문에 모든 음악인이 무대 위에서 내려오지 못하는 것 같아요. 우리(오케스트라)의 연주로 인해서, 나(솔리스트)의 연주로 인해서 단 한명의 청중일지라도 일상에서의 피로와 지친 삶을 치유한다고 생각하면 너무 뿌듯하죠. 음악을 통해 윤택한 삶을 찾을 수 있다면 음악가로서 책임감을 갖는 것은 당연하다고 생각해요. 물론 이런 책임감은 서서히 나이가 들면서 생기는 것이지만요.

클래식 음악을 시작한 학생들은 막연하게 무대에서 멋진 의상을 입고 화려한 조명이 있는 멋있는 무대에서 스포트라이트를 받는 모습을 상상하겠죠. 보통 국제 콩쿠르에서 입상해서 화려하게 데뷔하는 모습을 꿈꾸며 음악을 시작할 거예요. 저도 마찬가지였어요. 저 또한 처음에는 오로지 나만을 위한 음악으로 시작했어요. 하지만 점차 내 음악을 듣는 분들을 생각하면서 연주하게 되더라고요. 청중에게 감사하죠. 연주가 끝난 후 행복하게 집으로 돌아갈 때의 뿌듯함은 말로 표현할 수 없어요. 물론 경제적인 측면을 고려하면 무조건 좋은 직업이라고 말할 수는 없어요. 요즘은 음악가가 그리 좋은 대우를 받는 것 같지도 않고요. 하지만 저는 제 직업에 만족해요.

Job
Propose 26

자라나는 미래의 음악인에게 저의 직업을 프러포즈하는 이유는 나의 행복을 연주하면서 그 연주를 통해 많은 사람과 소통하며 감동을 전달하고, 메마른 시대에 시냇물 같은 사람이 되어주길 바라는 마음에서입니다.

너무 피터 팬 같네요.

예술은 말을 하지 않고도 소통과 교감을 할 수 있는 분야잖아요. 저는 그중에서 음악이라는 장르! 더 세분화해서 더블베이스라는 악기를 도구 삼아 솔리스트로서 활동하고 있어요. 음악과 예술에 대한 갈망을 연주로 채울 수 있는 멋진 직업이죠.

연주자는 좋은 연주, 좋은 공연을 위해서 많은 시간을 투자합니다. 무대 위에서 수천 시간, 수만 시간 연습한 것을 펼치고 박수갈채를 받는 것을 상상해 보세요. 그 황홀한 순간을 경험해 보시기 바랄게요.

난 기다렸다, 유년 시절의 덩굴나무가 있는
어제처럼 한없이 침울한 발코니에서,
황량한 내 사랑 속에 대지가
날개를 펼치길 기다렸다.

—

파블로 네루다, <겨울 정원> 중에서[*]

[*] Pablo Neruda, *Antología de la poesía de Pablo Neruda*, 김현균 옮김(2014), 『네루다 시선』, 지식을만드는지식.

음악의 시작은 언제인가요?

[편] 음악의 시작은 언제인가요?

[강] 제 음악 여정의 시작은 피아노 레슨을 처음 시작한 여섯 살 때부터라고 말할 수 있겠네요. 엄마는 아주 어릴 때부터 제가 스스로 클래식을 찾아서 들었다고 하시지만 한두 번의 우연을 그렇게 말씀하시는 것 같고요. 어렸을 때는 몸이 약해서 오랫동안 병원에 입원해 있었어요. 그러다 보니 음악이 병원 생활을 지탱해 주는 유일한 친구였어요. 피아노가 저의 상처를 치유해줬죠.

[편] 피아니스트가 꿈이었나요?

[강] 어릴 때 꿈은 막무가내로 가수, 미스코리아 그리고 피아니스트였어요. 초등학교 입학하기 전에 피아노를 시작해 계속 레슨을 받았기 때문에 피아노 외에 다른 꿈은 생각조차 못 했던 것 같아요. 중학교 때는 이미 피아노를 전공하기로 진로를 결정했기 때문에 아침부터 피아노 연습을 했어요. 등교하기 전 한 시간 정도 손가락을 풀고, 학교 수업 후 레슨을 마치고 나서도 계속 피아노 연습을 했어요. 그렇게 자연스럽게 피

아니스트가 되었어요. 그때까지만 해도 전 평생 피아니스트
의 삶을 살 줄 알았어요. 다른 악기를 하고 있으리라고는 생
각도 못 했는데 인생이란 게 참 신기해요. 20년 뒤 저는 무엇
을 하고 있을지 문득 궁금해지네요.

피아노에서 더블베이스로 바꾼 이유가 궁금해요.

편 꿈꾸던 피아니스트가 되었는데 더블베이스로 바꾼 이유가 궁금해요.

강 저는 경북 영주의 작은 시골 마을 출신이에요. 음악을 할 수 있는 도구는 피아노, 바이올린, 첼로, 플루트, 성악(사람의 몸이 악기)이 전부라고 생각했어요. 그러다가 대학교 2학년 때 처음으로 예술의전당에서 오케스트라 공연을 보게 됐어요. 교수님(그때는 피아노 전공이었기에 담당 지도 교수님)께서 서울 예술의전당 콘서트홀에서 오케스트라와 협연 공연을 하셨거든요. 같은 클래스 선후배들과 교수님의 공연을 관람하기 위해 관중으로 참석했죠. 공연의 시작을 알리는 종소리가 울린 후 오케스트라 단원들이 입장하더라고요. 관중석에 앉아 다양한 악기를 손에 쥔 연주자들이 무대 위에 등장하는 모습을 보는데 너무 멋있었어요. 어렸을 때 음악 교과서에만 보던 다양한 악기들의 결합체를 직접 대면하는 첫 경험이었어요. 물론 텔레비전과 같은 영상매체는 제외하고요. 시골에서 상경한 저에게는 너무나 큰 문화 충격이었어요. 여태껏 음악을 한답시고 스물두 살 때까지 주야장천 피아노만 쳐

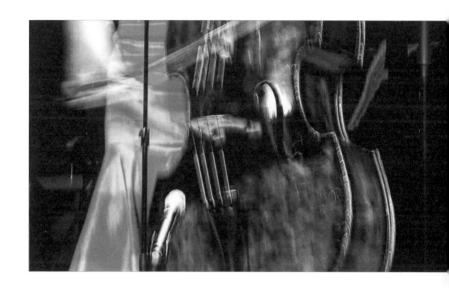

왔던 제가 한없이 작아 보였어요. 한 우물만 판 제가 한심해 보이기까지 했어요. 우물 안 개구리였다는 것을 깨달았던 거죠. 그래서 저는 어렸을 때부터 많은 경험이 중요하다고 생각해요.

무대 위의 오케스트라 연주자들은 또 얼마나 멋있어 보이는지…. 특히 오케스트라 뒤편에 있는 더블베이스에 시선을 빼앗기게 되더라고요. 커다란 악기에서 울리는 중후한 저음이 너무 매력적이었어요. 더블베이스를 배우고 싶다는 열망을 강하게 느끼게 됐어요. 아직도 그때의 황홀하고 충격적인 감정을 잊지 못해요. 가끔 슬럼프에 빠질 때는 가슴 깊숙이 한쪽에 있는 그때의 감정을 꺼내어서 다시금 되새기기도 하죠. 그렇게 더블베이스의 매력에 빠지게 되었어요.

더블베이스의 매력은 무엇인가요?

편 그 매력이 무엇이었을까요?

강 더블베이스는 가장 낮은 음으로 사람들의 마음을 어루만지는 악기예요. 오케스트라의 맨 뒷줄에 위치하기 때문에 저음역의 반주악기라는 오해와 편견이 있지만, 더블베이스의 저음은 오케스트라의 화음 진행뿐만 아니라 리듬적인 기초에 있어서도 아주 중요한 역할을 하죠. 그리고 생각보다 굉장히 예민한 악기예요. 그냥 보기엔 덩치가 커서 남성적일 것 같지만, 매우 섬세해요. 또한, 솔로 연주를 할 때는 현악기에서 낼 수 있는 가장 낮은 저음과 바이올린의 중음까지도 연주 테크닉으로 충분히 낼 수 있기 때문에 기교적이고 화려한 연주도 멋지게 소화할 수 있는 악기라 할 수 있죠. 악기의 키가 커서 지판을 짚는 왼손의 도약이 드라마틱하고 몸의 움직임이 날렵해지기 때문에 마치 춤을 추는 것처럼 보이기도 해요. 솔리스트로 연주했을 때 "마치 무용수 같다. 그 자체로도 음색이 아름답고 예술을 느꼈다"라고 말씀하신 관객도 있었어요. 저의 음악으로 악기가 돋보일 수 있다니 고마울 따름이죠.

더블베이스는 무한한 가능성의 악기예요. 크기가 크다고

둔하고 느린 악기가 절대 아니거든요. 오케스트라에서는 없어서는 안 되는 중요한 역할을 맡고 있고, 솔로에서는 무용수처럼 화려한 예술 행위로 음악을 표현하는 빛과 같은 존재죠. 앞으로 점점 더 주목을 받을 악기랍니다.

음대에 입학하기까지 얼마나 걸렸나요?

편 더블베이스로 전향 후 음대에 입학하기까지 얼마나 걸렸나요?

강 시작부터 대학 합격까지 8개월 걸렸어요. 오케스트라 연주 관람으로 인한 충격 초기에는 피아노를 그만둔다는 생각은 감히 하지 못하고 다만 더블베이스를 배우고 싶다는 생각뿐이었어요. 다행히 학교에 출강하는 전공이론수업 강사 선생님을 통해 알음알음으로 더블베이스 선생님을 만나게 됐죠. 그분이 김경희 선생님이에요. 저의 첫 번째 더블베이스 선생님이죠. 선생님은 일 년만 재수하면 더 좋은 대학에 갈 수 있을 거라고 했지만 당시의 저는 늦었다고 생각했어요. 입시 당시 이미 스물두 살이었기에 무조건 그해에 대학에 가야 한다는 일념으로 정말 열심히 했어요.

편 악기를 시작한 지 8개월 만에 음대에 입학했다고요? 그게 가능한 일인가요?

강 글쎄요…. 제가 실현했으니까 다른 사람도 할 수 있겠죠. 대신 정말 열심히 해야 해요. 무식하면 용감하다고 악기를 잘 모르고 겁 없이 덤벼들었어요. 피아노는 열 손가락을 사용하지만, 더블베이스는 현을 짚는 다섯 손가락만 사용하니 쉽지 않겠냐는 생각으로 시작했던 거죠. 정말 단순한 생각이었어요. 늦게 시작한 만큼 아주 힘들었어요. 게다가 더블베이스는 악기가 크기 때문에 도약하는 구간이 많아서 몸을 많이 써야 하거든요. 그런데 성인이 되면 운동 신경이 떨어지기 때문에 남들보다 두 배, 세 배 이상의 땀과 시간을 쏟아야 했어요.

어린 시절이 궁금해요

편 어린 시절이 궁금해요.

강 부모님은 평범하신 분이에요. 어릴 때는 아빠 사업 때문에 이사를 많이 다녔어요. 경북 영주에서 태어나 경기도 여주와 안산에서 유년기를 보낸 후 초등학교 1학년 때 고향인 영주로 다시 왔어요. 그 무렵 부모님 사업이 잘되고 남동생도 태어나서 유복하고 화목한 환경에서 나름 평범한 생활을 보냈죠. 그런데 허약했던 몸이 점점 악화되어 초등학교 고학년 때부터 병원 생활을 하게 됐어요. 일주일에 5일은 병원에 입원하고 하루는 학교에 가서 출결 체크만 하는 생활을 6~7년 동안 했어요. 수술도 여러 번 했고요. 초등학교 때부터 중학교 때까지요. 부모님께서 알려주시지 않아서 정확한 병명은 아직도 몰라요. 어린 시절은 병원 생활 그 자체예요. 학교에서 배우는 사소한 것들을 접하지 못했어요. 나를 치유할 수 있는 게 음악밖에 없겠구나 싶었죠. 자연스럽게 음악을 해야겠다고 생각을 했어요.

어렸을 때부터 자전거를 좋아했다.

🔳 어린 시절의 기억은 대부분 병원 생활이겠네요. 병원 외에 특별히 기억에 남는 일이 있나요?

🔳 할머니께 못되게 군 죄송한 기억이 있어요. 할머니께서 제 생일이 되면 해마다 자전거를 바꿔주셨는데 여섯 살 생일에는 자전거를 사주지 않는 거예요. 제가 첫 손주라서 할머니께서 정말 귀하게 키워주셨는데 버릇없게도 어린 마음에 화가 난다는 핑계로 할머니 허벅지를 깨물었어요. 그때는 생일

날 자전거를 선물 받는 것이 당연하다고 생각했었나 봐요.

할머니께서는 혹시나 제가 놀라서 기절할까 봐 당신이 아프신 것도 모르고 저를 어르고 달래서 결국 자전거를 사 주셨어요. 속으로 "쟤는 뭐가 돼도 되겠다"고 생각하셨대요. 아직도 명절 때 친척들이 모이면 그 얘기를 해요. 할머니가 다리를 보여주면서 멍이 사라졌다고 말씀하시죠. 이젠 안 나오면 섭섭한 에피소드가 됐어요.

학교에서는 어떤 학생이었나요?

편 학교에서는 어떤 학생이었나요?

강 무대에서 춤추는 걸 좋아하는 학생이었어요. 수업 시간에 발표하라고 하면 조용히 있다가도 춤춰보라고 하면 바로 나갈 정도로 노는 걸 좋아했어요. 친구들 얘기를 들으면 걸을 때마다 머리가 통통 튀어서 멀리서도 제가 보였대요. 항상 긍정적이고 에너지가 넘치며 엄청 활발했어요.

편 학창시절 기억나는 일이나 사건이 있나요?

강 저의 숨겨진 성격이 드러나는 사건이 하나 있는데요. 제가 다니던 중학교 옆이 남자 고등학교라 같은 버스를 타고 다녔어요. 하루는 남고생이 버스에서 자꾸 곁눈질로 쳐다보는 거예요. 화가 나서 대판 싸웠어요. 보통의 여학생이라면 말싸움을 했을 텐데 저는 중학교 때까지 몸싸움을 했거든요. 그당시에는 사람을 때리는 것이 잘못됐다는 생각을 못 했어요. 그 남학생에게 주먹을 날렸더니 그 자리에서 그냥 뻗어버리더라고요.

편 어렸을 때부터 당찬 기질이 있었네요.

강 고집이 셌어요. 하고 싶은 일은 하는 성격이죠. 그래서 피아노를 과감하게 포기하고 더블베이스로 전향할 수 있었는지도 몰라요. 더 강렬한 이끌림을 따라간 거죠.

경북 영주에서 독일로...
또다시 프랑스로

연주가 끝난 후 지휘자 선생님, 매니저들과 공연장 앞에서.

낮선 아침은
떠나야 하는 손님처럼
정중하지만, 애타는 마음으로
햇살을 내밀었네—
그리하여, 새처럼,
혹은 배처럼,
우리의 여름은 그녀의 빛을
미의 세계로 도피시켰다네.

_

에밀리 디킨슨, <슬픔처럼 살며시 여름이 사라졌네> 중에서*

* Emily Dickinson, *Selected Poems of Emily Dickinson*, 윤명옥 옮김(2011), 『디킨슨 시선』, 지식을만드는지식.

편 왜 독일인가요?

강 저는 어릴 때부터 유학을 가겠다는 꿈이 있었어요. 어느 나라로 갈지 고민은 했죠. 미국은 학위제도가 한국과 같기도 하고 워낙 많이들 가지만 저는 클래식은 유럽이라고 생각했어요. 그중에서도 관현악은 프랑스와 독일이 유명하죠.

독일은 수많은 오케스트라와 전 세계적으로 유명한 음악인들, 아울러 많은 예술인과 철학자들이 살아 숨 쉬는 나라라 할 수 있어요. 바흐Bach, 모차르트Mozart, 베토벤Beethoven, 브람스Brahms, 슈베르트Schubert 등 유명한 작곡가들은 대부분 독일 출신이거나 독일어를 사용하는 나라에서 음악 활동을 했어요. 그렇기 때문에 레슨을 받을 때도 음악 용어는 독일어를 많이 사용했어요. 악보도 독일어 악보를 많이 이용했고요. 그리고 피아노 담당 교수님과 베이스 선생님들이 독일 유학파 출신이었기 때문에 더 영향을 끼쳤던 것 같아요. 저의 여러 가지 음악 환경에서 독일이라는 나라가 자연스럽게 물들어 갔죠.

결정적인 계기는 대학 3학년 때였어요. 우리 학교에 독일 라이프치히Leipzig 오케스트라 상임 지휘자가 2년 동안 초빙교

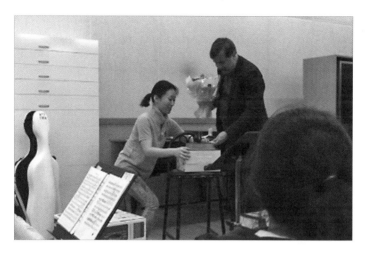

오케스트라 인스펙터를 맡았던 당시 오케스트라 수업 때 독일 교수님을 위해 '스승의 날' 깜짝 파티를 마련했다.

수로 오셔서 현악 합주와 오케스트라를 지도해 주셨어요. 제가 대학교 3학년 때 현악 부장, 4학년 때는 오케스트라를 총 담당하는 인스펙터*를 맡았기 때문에 독일 교수님과 개인적으로 친해질 수 있는 계기가 되었어요. 어린 마음에 교수님께

---

* 인스펙터(Inspector): 쉽게 풀이해서 '시간 관리자'라고 할 수 있다. 대학교나 프로 오케스트라에서는 총괄 담당자라고 생각하면 이해가 쉽다. 리허설이나 공연이 정해진 시간대로 진행되도록 돕는 역할이다. 때에 따라 외국인 지휘자일 경우에는 간단한 개인 업무도 돕는다. 단원 중 한 명이 맡는다.

잘 보이고 싶어서 오케스트라 곡도 열심히 연습하고, 독일어도 열심히 공부했어요. 그때는 현악 합주와 오케스트라 수업을 영어로 진행했는데, 제가 교수님 대변인의 역할도 많이 하면서 뿌듯함을 느꼈어요.

그 교수님의 지휘로 많은 것을 배우고 새로운 음악성을 접하게 되면서 4학년 초에 독일 유학을 확정했어요. 그때부터 1년 이상 독일어 학원, 개인 과외, 입시 노하우 등 독일 유학에 필요한 정보를 수집하고 필요한 공부를 했어요. 교수님이 아니었다면 아마 미국으로 유학 갔을지도 몰라요. 대학교 2학년 때까지만 해도 고민을 했거든요. 돌이켜보면 클래식의 본고장으로 대표적인 독일과 프랑스에서 유학을 할 수 있어서 감사할 따름이에요.

독일 쾰른 국립음악대학
솔리스트 석사를 취득하셨죠?

편 독일 쾰른 국립음악대학 솔리스트 석사를 취득하셨죠?

강 네. 학교의 정식 독일어 명칭은 Hochschule für Musik und Tanz Köln(HfMT Köln)이에요. 독일은 도시마다 공립음악대학이 있어요.* 유학을 준비하는 학생에게는 학생 비자를 발급해 주는데 그 비자로 2년 동안 네 번의 시험을 볼 수 있죠. 이 기회를 놓치면 비자가 만료되기 때문에 한국으로 다시 돌아가야 해요. 입학하지 못하고 돌아오는 학생이 거의 90% 라고 생각하면 돼요. 저는 운이 좋게 한 번에 붙어 너무 다행이었죠.

---

* 저자 주: 베를린은 예외적으로 독립 전 동독과 서독에 각각 음대가 있었기 때문에 현재도 두 개의 음대가 있다. UDK(Universität der Künste Berlin)와 Hanns Eisler(Hochschule für Musik "Hanns Eisler" Berlin)이다. 독일은 한국으로 치면 서울, 대구, 부산, 대전 등 대도시에 국공립 음대가 있으며, 아카데미(Akademik)라고 하는 사립 음대가 있는데 등록금이 한국의 대학교와 비슷하거나 훨씬 더 비싸다. 각 시의 국공립학교는 독일은 Hochschule + 시의 명칭, 프랑스는 Conservatoire + 시의 명칭이다.

편 대학도 8개월 만에 합격하더니 독일 석사 입시도 바로 합격이라고요? 정말 대단하시네요. 비결이 뭔가요?

강 글쎄요. 정말 열심히 한 것 밖에 없어요. 팁을 하나 말씀드리면 유럽은 테크닉보다는 가능성을 봐요. 제 지도 교수님도 저에게 "너 손 잘 돌아가는 거 알겠는데 그래도 가능성이 없었으면 안 뽑았어" 이러시더라고요. 입학하고 두 학기까지는 "너 정말 머신^{Machine}같아. 제발 로봇처럼 연주하지 마. 숨 좀 쉬고 살아. 호흡 좀 해"라는 말씀을 입이 닳도록 계속 하셨어요. 한국인들은 너무 기계적이라는 거죠. 어떻게 다들 같은 곳에서 숨 쉬냐고 해요.

편 호흡하라는 게 무슨 뜻인가요?

강 연주는 작곡가가 악보에 표시한 것을 유지하면서 자신의 느낌을 덧대는 거예요. 이를테면 비브라토*를 추가하거나 호흡을 어떻게 하느냐에 따라 느낌이 다르거든요. 테누토**도 연

---

* 비브라토(Vibrato): 기악이나 성악에서 음을 상하로 가늘게 떨어 아름답게 울리게 하는 기법.

** 테누토(Tenuto): 악보에서 음을 충분히 지속하여 연주하라는 말. 악보 위에 짧은 횡선을 긋거나 기호 'ten'으로 표시한다.

같은 클래스의 중국 친구와 함께 한 공연. 찾아가는 콘서트 형식으로 독일 교회에서
바로크 음악을 연주했다.

'두 대의 트럼펫을 위한 협주곡' 현악 5중주.

학기마다 진행하는 클래스 연주에는 교수님도 항상 같이 연주를 한다. 독일 교수님의
리허설 장면.

주자에 따라 달라요. '잉~ 잉' 하는 연주자도 있고 '따~다' 하는 연주자도 있죠. 쉼표에서 쉬는 방법도 여러 가지예요. 그런데 한국 유학생들은 주입식 교육의 폐해로 보통 다 짧게 쉬고 말아버려요. 왜 숨을 쉬어야 하는지 모르는 거죠. 프레이징*도 왜 연결해야 하는지 잘 몰라요. 프레이징은 사실 한 마디를 활로 다 연결하지 못하기 때문에 끊어지지 않게 다음 활까지 이어지도록 손목을 릴랙스하면서 연주하고 그러면서도 음이 연결돼야 하거든요.

음악에 대한 자신의 느낌과 해석이 없으면 어떻게 해야 하는지 몰라서 지도 교수가 가르치는 연주 방식대로만 따라가게 돼요. 그게 나쁘다는 것이 아니라 신체조건에 대한 고려 없이 무조건 몸에 습득하기 식으로 레슨을 받으면 안 된다는 거죠. 사람의 신체 구조가 다르기 때문에 연주도 똑같을 수 없어요. 연주에서도 자신만의 스타일을 찾아야 해요.

* 프레이징(Phrasing): 음악의 흐름을 유기적인 의미 내용을 갖는 자연스러운 악구로 구분하는 일.

유학 입시 때의 에피소드를 소개해 주세요.

편 유학 입시 때의 에피소드를 소개해 주세요.

강 정확하게 기억나지는 않지만, 독일 음악대학 중 14곳 정도에 지원하고 그중에서 드레스덴Dresden, 뤼베크Lübeck, 함부르크Hamburg, 쾰른Köln, 슈투트가르트Stuttgart 다섯 개 대학에서 시험을 봤어요. 여섯 번째 입시를 보러 나가는 길에 합격 편지를 받았죠. 빨간 우편함에 편지 두 개가 있었어요. 공동 현관에서 메마른 나뭇가지처럼 손을 파르르 떨며 구깃구깃한 종이를 뜯는 장면이 아직도 생생해요. 함부르크와 쾰른에서 온 입시 결과 통지서였는데 함부르크를 먼저 뜯었고, 불합격이었어요. 그다음 이제는 저의 모교인 쾰른에서 보낸 편지를 열었죠. "Bestanden(합격)"이라고 적혀 있었어요. 그 한 단어로 이젠 시험을 보기 위해 기나긴 여행을 할 필요가 없어진 거예요. 5분 전만 해도 축 처져 있었는데, 갑자기 힘이 솟구쳐 악기를 둘러메고 숙소로 뛰어가 가족과 선생님 그리고 저를 응원해준 지인들에게 전화하면서 엉엉 울었어요.

드레스덴 시험을 볼 때 특히 힘들었어요. 제 주관적 생각이지만 드레스덴은 외국인에게 살가운 도시가 아니라는 느낌을 받았어요. 물론 같은 장소도 경험에 따라 여러 가지 모습으로 각인되므로 다른 분들은 또 다르게 느낄 수도 있겠지만요. 드레스덴에서는 비 때문에 고생을 많이 해서 더 힘들었던 것 같아요. 독일은 하루에도 여러 번 소나기가 내려요. 괴팍한 날씨가 철학자들과 예술가들에 영감을 준다는 우스갯소리가 있을 정도죠.

드레스덴 음악대학 시험을 보기 위해서 베를린에서 하루 전날 기차를 타고 두 시간 거리인 드레스덴에 도착했는데 비가 엄청 오더라고요. 이때만 해도 독일 생활에 익숙하지 않은 시절이라 우산을 들고 다니진 않았거든요. 뭐 사실 우산이 있었다고 해도 악기는 비를 맞을 수밖에 없었을 테지만요. 혹시 모를 일을 대비해서 한국에서 큰 비닐을 몇 개 챙겨오긴 했지만 전혀 소용이 없었어요. 악기, 백팩, 캐리어 등을 바리바리 들고 비를 맞으며 호텔로 갔어요. 도착하자마자 악기를 케이스에서 꺼내 하이쭝die Heizung이라고 부르는 난로 옆에서 습기를 말렸어요. 애를 쓰긴 했는데 제대로 건조되지 않았는지 시간이 지난 지금도 원래의 상태로 돌아오지 못하고 있어요. 마음이 너무 아프죠. 주인을 잘못 만난 것 같아서 엄청나게 자책하기도 했어요. 그때는 악기를 '남치니'라고 부르지 않고 저의

자식 같은 존재로 생각하던 때라 더 마음이 아팠어요.

기도를 열심히 했어요. 시험을 잘 보게 해달라는 기도는 당연하고 제발 비 좀 그치게 해달라고요. 하지만 다음날 일어났을 때는 더 거세게 오더라고요. 또다시 비를 맞으며 드레스덴 음악대학으로 갔어요. 도보로 갈 수 있는 거리이긴 했는데, 울퉁불퉁하고 딱딱한 돌바닥 때문에 힘들었어요. 악기 케이스에 바퀴를 달아 끌고 다니는데 돌바닥 때문에 악기에 충격이 가해져 이음새 부분이 터질 위험이 있거든요. 한국처럼 매끄러운 바닥은 독일에서는 찾기 드물어요. 거센 비를 맞으면서 힘들게 시험을 보러 가고 있자니 왜 이렇게 살아야 하나 싶은 생각에 눈물이 나더라고요. 닭똥 같은 눈물을 흘리며 학교에 도착했어요. 비가 와서 제가 울었다고는 아무도 생각을 못 했죠.

학교에 도착해서 접수를 하고 연습실을 배정받자마자 젖은 악기를 말리는 일부터 했어요. 그러고 있자니 내가 지금 내 악기에 고문하는 건가 하는 생각도 들더라고요. 15분이라는 연습 시간이 주어졌어요. 나름 급박한 상황이었죠. 악기를 말리고 전혀 모르는 학교 전속 반주자와 호흡을 맞춰야 해요. 짧게는 3분 길게는 10분···. 한국이라면 상상도 할 수 없는 상

드레스덴에서 시험 대기 중.

황이 벌어지는 거죠. 그래도 드레스덴의 전속 반주자는 저에게 잘 맞춰줬던 것 같아요. 원래 친절했는지 아니면 물에 빠진 생쥐의 모습을 하고 있던 제가 불쌍해서 잘해준 건지 모르겠어요. 다섯 번 시험 본 곳 중에 제일 친절했어요. 결과는 떨어졌지만요. 이때의 경험으로 유럽 유학 시절에는 항상 접이식 우산을 백팩에 넣고 다녔어요. 독일 우산은 아주 튼튼하지만, 비바람도 거세서 우산 비용으로만 50만 원 이상 사용한 것 같아요.

독일에서 시험 보러 가는 길은 항상 힘들었어요. 작은 체구로 악기, 백팩, 캐리어 이렇게 3종 세트를 끌고 기차와 버스, 트램(노면전차)을 타고 돌아다니는데 기차는 틈만 나면 연착하고, 버스는 수시로 파업을 해요. 그때의 기억 때문인지 독일 입시 이후로는 여행이 귀찮아졌어요. 유학생 신분으로 경제적으로 충족하지 못했던 터라 돈을 아끼려고 기차 티켓을 구매할 때는 한 장만 구매해서 악기는 사람 없는 곳에 세워두거나, 옆 좌석에 탑승하는 사람이 없을 것 같으면 애초에 자리를 바꿔 앉으며 나름의 눈치작전을 펼쳤어요. 사실 이렇게 하면 안 되는데 저는 운이 좋게도 독일 기차 승무원들이 다 이해해줬어요. 다른 친구들은 벌금도 물고 독일어로 험한

학교 가는 길에 찍은 독일 쾰른 음대 건물. 왼편으로는 길 건너에 극장이 있어서 학생들이 계약직 단원 시험을 많이 본다. 학업과 취업을 동시에 할 수 있는 최적의 장소다.

말도 들었다는데 저는 불쌍해 보였나 봐요.

함부르크 시험 때도 우여곡절이 있었어요. 베를린에서 출발하는 함부르크행 기차가 모두 연착인 거예요. 처음에 40분, 50분이라고 하던 것이 결국 8시간이 됐어요. 나중에는 기차역 맥도날드에서 졸면서 기다렸어요. 그렇게 힘들게 함부르크에 도착했는데 새벽이라 호텔은 문을 닫았고 리셉션도

쾰른 대성당 앞에서. 졸업 즈음에도 쾰른 대성당은 공사 중이었는데, 졸업 후에도 여전히 공사를 하고 있었다. 지금쯤 공사를 마쳤으려나?

연락이 안 돼서 지하철에서 노숙을 했어요. 그래도 악기는 추우면 안 되니까 종이박스로 덮어줬어요^^. 당연히(?) 함부르크 시험은 망쳤죠. 땅바닥에서 노숙했는데 몸이 성할 리가 없죠. 온몸은 천근만근이고 컨디션은 제로인 상태에다 몸살 기운까지 있어 가까스로 시험을 봤어요. 제가 악기를 연주하는지 악기가 저를 연주하는지 모르겠더라고요. 베를린으로 돌아오는 기차에서 정말 많은 것을 생각했던 것 같아요. '내가 지금 뭐하고 있는 거지? 그래도 포기하지 말자. 베이시스트의 길은 아직 멀었다. 다른 베이스 연주자들도 나처럼 힘들 거야. 나만 힘든 거 아니야'라면서 스스로를 토닥거렸죠. 나중에 쾰른 음악대학교에 입학하여 각자의 입시 경험담들을 푸는데, 다들 힘든 상황을 겪고 입학하였더라고요. 비자 만료 직전에 입학한 서른이 훨씬 넘은 분도 있었고….

독일에서 클래식을 배우기 위해서는 입시의 산부터 넘어야 하는 것 같아요. 유학을 준비하는 분들이 지금 이 책을 읽고 있다면 입시 여행에서 꼭 성공하길 바랄게요.

Viel Spaß!!

대학원 입시 오디션에서는 어떤 곡을 연주하나요?

편. 대학원 입시 오디션에서는 어떤 곡을 연주하나요?

강. 독일과 프랑스 모두 시대별 네 곡을 연주해요. 바로크, 고전, 낭만, 현대곡을 연주하는데 이 프로그램이 독주회 프로그램인 셈이에요. 모두 연주하고 나면 한 시간 조금 넘어요. 그 후에 그 나라 언어로 인터뷰를 해요. 학생의 연주가 마음에 들면 인터뷰도 길어지죠.

편. 시험 감독관은 몇 명인가요?

강. 최소 3~4명 이상이에요. 학교마다 교수의 재량에 따라 시험 유형도 다양해요. 슈투트가르트에서는 1시간 10분 내내 연주를 했는데 "우리 학교에 자리가 없어(Wir haben keine Platz)"라고 해서 정말 맥이 풀렸어요. 쾰른의 경우에는 중간에 끊어가면서 본인들이 더 듣고 싶은 곡을 연주하라고 주문하니까 마음이 편하더라고요.

편 석사와 박사과정*의 학생 수는 얼마나 되나요?

강 독일에 있을 때는 학·석·박사 전체 30명 정도였어요. 교수는 4명이고요. 보통 오케스트라의 연주자 수로 계산하면 돼요. 입시 공고의 모집 정원은 오케스트라의 배치도를 참고해서 정하기도 하고, 학교의 경제적인 요건도 고려하는 것 같아요. 우리 학교는 매년 큰 정기연주회가 있고 소규모 연주도 엄청 많아요. 규모도 커서 캠퍼스가 세 도시에 나뉘어 있는데 때에 따라서는 다른 도시로 연주하러 가기도 하거든요. 그래서 연주자가 많이 필요해요. 만약 오케스트라 악기가 채워지지 않으면 현직에서 활동하는 프로 연주자를 비싼 비용을 지불하고 객원으로 불러야 할 수도 있어요. 이런 여러 가지 측면을 고려해서 정원을 넉넉하게 뽑는 것 같아요.

---

* 저자 주: 유럽에서는 박사과정을 최고연주자과정이라고 하는데 독일은 엑자맨(Examen), 프랑스는 페르펙시온느멍(Perfectionnement)이라고 한다.

독일에서의 석사 졸업은 어떤 방식인가요?

[편] 독일에서의 석사 졸업은 어떤 방식인가요?

[강] 유럽의 대부분 학교가 졸업연주회를 졸업시험으로 간주하는 것으로 알고 있어요. 제 모교도 학사, 석사, 박사(최고연주자과정) 모두 졸업연주회가 곧 졸업시험이에요.

저는 석사 졸업연주회 때 엄청나게 고생했어요. 연주회 당일 독일의 기온이 40도가 넘는 폭염이었거든요. 게다가 연주 홀의 에어컨이 고장 났는데 연주회 때까지 고쳐지지 않은 거예요.* 에어컨은 작동하지 않는데 홀은 유리 통문으로 되어서 열기가 더해지니 찜통이 따로 없었죠. 연주를 시작하고 1부의 한 곡이 끝났을 무렵 이미 온몸은 땀으로 뒤범벅이 되고 머리 위에서부터 얼굴로 땀이 타고 내려와 시야를 가려 더 이상 악보를 볼 수가 없었어요. 게다가 악기 또한 제 땀으로 흥건하게 젖어 있어서 손이 미끄러지기까지 했죠. 정말 초인적

---

* 저자 주: 독일은 뭐든 기본적으로 3주 이상 걸린다. 유학 초창기에 인터넷 설치할 때는 무려 3달이 걸려서 겨우 인터넷을 설치했을 정도다. 독일은 그만큼 느림이 미학이고 철학인 나라다.

인 힘을 발휘해 연주했어요.

1부 연주가 끝나고 휴식 시간을 길게 가졌어요. 인터미션이 시작되자마자 관객과 채점하던 교수까지 누가 먼저랄 것도 없이 모두 같이 사방의 유리문을 열었어요. 모두 고생했죠. 우리 학교 졸업 시험은 연주와 발표를 함께 진행하기 때문에 총 러닝타임은 2시간이 훌쩍 넘었거든요.

졸업 연주 시작을 알리면서 관객들에게 인사하는 모습. 반주자는 일본인 반주 강사로 클래스 전속 반주자(유럽에는 보통 클래스마다 반주 강사가 있으며, 학교에서 반주자를 강사로 채용한다).

졸업 연주 전 교수님 연구실에서.

졸업 연주회 방식은 보통 두 가지인데 학교 또는 교수의 재량에 따라 결정해요. 하나는 발표+연주 방식으로 발표가 곧 논문으로 간주되어서 따로 논문을 쓰지 않아도 되는 형태, 또 다른 하나는 2장 정도의 리포트로 발표를 대체하고 연주 후에 논문을 따로 제출하는 방식이에요. 그런데 저희 교수님 께서는 졸업 연주, 발표 그리고 논문까지 세 가지를 모두 해 야 한다고 해서 참 힘들었어요. 연주만 하기에도 정신이 없는 데 독일어로 곡 설명을 하면서 연주를 해야 해서 외국인인 저 에게는 큰 스트레스였죠.

독일은 졸업은 모두가 되지만 졸업에 점수가 남아요. 이 왕 2년 열심히 공부했는데 좋은 점수를 받고 졸업을 해야겠다

졸업 연주가 끝난 후 클래스 친구들과 지인들과 함께.

는 생각에 드레스가 땀으로 뒤범벅이 되도록 열심히 했어요. 연주하면서도 앞으로 이런 연주는 다시 없을 거라는 생각을 했어요. 다행히 담당 교수를 제외한 모든 교수에게 만점을 받았어요(당시 교수와의 관계가 썩 좋은 편이 아니라서…). 힘든 상황 속에서 연주를 마무리한 저에게 평가하던 교수들과 관객들 모두 잘했다며 큰 경험을 했으니 앞으로 더 큰 무대에서 좋은 연주를 할 수 있을 거라고 칭찬과 격려를 해주셨어요. 한 교수는 본인이었다면 졸업 연주를 거부했을 거라는 말까지 할 정도였으니까요. 최악의 환경에서 육체와 정신을 붙들면서 한 생애 첫 연주였어요.

그때의 경험이 지금은 아주 소중한 경험이 되었어요. 어떤 상황이든 최고의 집중력을 발휘해 연주하려고 하니까요.

독일에서 석사를 마치고
프랑스로 간 이유는 무엇인가요?

편 독일에서 석사를 마치고 프랑스로 간 이유는 무엇인가요?

강 사실 독일에서의 공부가 쉽지 않았어요. 공부가 어렵다기보다는 환경이 조금 힘들었던 것 같아요. 여름에는 해가 밤 11시까지 떠 있고 겨울에는 해가 오후 3~4시쯤에는 지니까 쉽게 우울해지더라고요. 날씨와 계절의 영향을 많이 받았던 것 같아요. 제가 솔리스트 전공이라 감수성이 풍부해서 더 예민하게 반응했던 것 같아요.

프랑스로 간 결정적인 이유는 어렸을 때부터 동경했던 선생님을 만나고 싶은 열망 때문이었어요. 무작정 짐을 싸서 티에리 바흐베^Thierry Barbé 선생님이 있는 학교로 찾아갔어요. 과연 나를 받아주실까 두근두근하면서 찾아갔는데 시험을 보게 해주셨어요. 교수님 마음에 드는 연주로 합격했어요. 정말 꿈만 같았죠.

여담으로, 프랑스 음악대학은 나이 제한이 있어요. 다행히 콘트라바쓰는 예외였어요. 악기가 크기 때문에 성장 후에

레슨 중 바흐베 교수님께서 활을 고치는 모습.

도 전공할 수 있다는 바흐베 교수님의 논리 때문이었어요. 학교에서의 교수님 영향력을 확인할 수 있는 대목이죠. 나이에 따라 학위가 공지된다는 점도 독일과 다른 제도예요.

편 프랑스에서는 석사(전문연주자과정)와 박사(최고연주자과정)를 동시에 했다고 하셨는데 그게 가능한가요?

강 네. 음악 전공 유학생들은 이런 경우가 다반사예요. 솔리

프랑스 생모 국립음악원의 클래스 친구들과 더블베이스 4중주.

스트 전공과 실내악 전공이 서로 다르기 때문에 가능한 거죠. 저는 프랑스 생모 국립음악원 실내악 전문연주자과정과 동 음악원에서 솔리스트 최고연주자과정을 최고점으로 졸업했 어요. 말 그대로 솔리스트 전공은 솔로 연주자로서 전문 연주 자를 육성하는 과정이에요. 전문연주자과정부터 최고연주자 과정까지로 학위가 나눠져 있죠. 실내악 전공은 여러 악기 군 이 협동해서 연주하는 앙상블이에요. 듀오^{duo}, 트리오^{trio}, 콰르

학교에서 진행한 프랑스 콘트라바쓰 협회 행사. 바흐베 교수님께서 직접 강연을 했다. 자세히 보면 뒤쪽에 악기가 즐비하다.

텟quartette 등 소규모 편성을 실내악이라고 해요. 음악에 있어서 실내악 또한 빠질 수가 없죠. 실내악 전공 역시 전문연주자과 정부터 최고연주자과정까지 학위가 있어요.

프랑스의 졸업 시험은 어떤가요?

편 프랑스의 졸업 시험은 어떤가요?

강 프랑스는 입학은 어렵지 않은데 졸업이 어려워요. 졸업 시험은 국가 공인 자격증 같은 개념이에요. 다른 학교 교수가 감독으로 오는데 당일까지 어느 학교의 어떤 교수가 올지 몰라 담당 교수님조차 긴장해요. 떨어지면 1년을 다시 다녀야 하니까요. 프랑스는 졸업연주가 아니고 졸업시험이에요. 프랑스에 거주하는 한국인들의 커뮤니티 사이트가 있는데 여기에 집을 내놨다가도 시험을 통과하지 못해서 취소하는 경우

졸업 시험
연주.

졸업 시험 연주가 끝난 후 교수님과 함께.

도 가끔 있어요. 졸업시험을 통과하지 못해 수료만 하는 분들도 많아요. 졸업장이라고 달랑 페이퍼 하나가 전부인데 그거하나 받느라고 엄청나게 고생한 거죠. 독일은 입학이 힘들었고 프랑스는 졸업이 힘들었어요.

편 유학 기간은 얼마인가요?

강 독일에서 2년 반, 프랑스에서도 2년 반 있었어요. 독일에

서 힘들었기 때문에 빨리 한국에 돌아가고 싶은 마음에 진짜
미친 듯이 공부했어요. 다행히 프랑스에서는 다양한 연주를
할 기회가 많아서 견딜 수 있었어요.

유학 시절 선생님들께는
어떤 음악적 도움을 받았나요?

편 유학 시절 선생님들께는 어떤 음악적 도움을 받았나요?

강 박사 과정 때 저를 지도해주신 티에리 바흐베 선생님이 최고의 스승님이에요. 바흐베 교수님은 저와 음악적 길을 함께 걸어가는 동반자 같은 느낌, 그리고 음악의 길을 인도하는 베이스의 아버지라고 생각해요. 바흐베 교수님께 기술뿐만 아니라 음악을 대하는 자세를 많이 배웠죠.

저는 선생님께 배운다는 것만으로도 감사했기 때문에 레슨에 앞서 준비를 많이 했어요. 그러다 보니 오히려 스트레스가 쌓이더라고요. 너무 과한 저의 열정이 독이 된 거죠. 그런 저에게 선생님께서는 음악을 너무 뛰면서 쫓아가지 말라고 하셨어요. 연습을 열심히 하는 것도 좋지만 가끔 내려놓고 휴식을 취하는 것도 음악에 관한 공부라고 하셨죠.

언젠가 빠른 템포의 곡을 연주해야 했을 때 그 호흡에 대해 엄청난 압박감이 있었어요. 그 모습을 보시고 "악보의 템포는 작곡가의 의도일 수도 있지만, 출판사가 임의로 표기했을 수도 있어. 그 템포에 너무 연연해하지 마. 지금 이 곡을 연주하는 내 심장이 이 음악의 템포야"라고 말씀해 주셨어요. 그때야 테크닉적으로 무조건 빨리 해야 한다는 압박감을 좀 떨쳐낼 수가 있었어요.

편 음악뿐만 아니라 여러모로 의지가 많이 되셨겠네요.

강 아버지와 같은 분이에요. 향수병으로 힘들어할 때는 저를 위해 연주도 해주셨어요. 새해가 되면 선생님께서 직접 구운 쿠키를 저에게 선물해 주시기도 했죠.

그 외에도 많은 분들이 저를 지도해 주셨어요. 저에게는 베이스의 엄마이자 언니 같은 존재인 입시 선생님, 4년 동안의 대학 생활을 잘 지도해 주신 선생님 덕분에 유학의 길로 갔던 것 같아요. 덕분에 쾰른에서도 좋은 교수님을 만나 착실하게 배울 수 있었어요. 더블베이스로 이어진 인연 하나하나가 모두 다 소중해요. 선생님들도 자신의 노하우를 제자에게 전수한다는 것은 어려운 일이고 제자 또한 그 가르침을 받아들여 내 것으로 연주하고 교감하는 것, 모두 진심이 통하지 않으면 쉽지 않거든요.

프랑스 파리 국립 오페라 오케스트라 제1수석 더블베이스 연주자이신 바흐베 교수님. 30년 이상을 한 직장에 몸담고 계신 대단한 분이다. 졸업한 후에 유학을 정리할 때 교수님께서 당신이 일하는 모습을 보러 오라고 초대해 주셨다. 오페라 관람을 하고 오케스트라 피트에 가서 함께 사진을 찍었다. 평생 기억에 남는 소중한 추억이다.

오로지
음악을 피우다

빛나는 작은 별들이여,
드높은 별들이여!
그대들은 자신 속에 무엇을 간직하고 있는가,
무엇을 감추고 있는가?
심오한 사상을 사라지게 하는 별들,
그대들은 어떤 힘으로 영혼을 매혹하는가?

—

세르게이 예세닌, <별> 중에서*

* Сергей А. Есенин, *Стихотворения С. А. Есенин*, 김성일 옮김(2012),
『예세닌 시선』, 지식을만드는지식.

더블베이시스트의 일과는 어떻게 되나요?

편 더블베이시스트의 일과는 어떻게 되나요?

강 교향악단 단원은 스케줄에 따라서 일과를 맞춰요. 보통 오전에 리허설이 있는데 오전 10시부터 오후 1시까지 하는 게 일반적이에요. 사단법인 오케스트라도 리허설 시간은 비슷하고요. 리허설이 더 필요할 때는 점심 식사 후 오후 2시~5시까지 더 하기도 해요. 물론 모든 오케스트라가 일률적이지는 않아요. 저녁에 리허설을 하는 오케스트라도 있고, 소규모의 실내악 단체라면 단원들끼리 스케줄을 조정해서 늦은 시간에 리허설을 할 수도 있어요.

솔리스트는 매일 개인 연습실에 출근해서 곡을 분석하고 연습을 해요. 시간적 여유가 되면 개인 솔로 활동과 병행해서 오케스트라의 객원 단원으로 활동하기도 하고요. 프리랜서인 셈이죠. 저는 현재 오케스트라를 부업으로 활동하고 있어요.

편 하루의 대부분을 연습으로 보낼 것 같아요. 하지만 평소 연습량과 공연 준비 중일 때는 차이가 있을 텐데 어떤가요?

강 솔리스트의 경우 공연 준비 전에는 사활을 걸고 해요. 죽

더블베이스 4중주 연주를 위한 리허설.

오케스트라 연주를 위한 합주 리허설.

오페라 무대 리허설.

무대 밑에서 오케스트라가 성악가의 노래에 맞춰 반주를 한다. 더블베이스의 경우 악기가 크기 때문에 무대 밑에서는 더욱더 안전에 주의해야 한다.

을 둥 말 둥 할 정도로요. 100%, 200% 연습해도 무대에서는 어떤 상황, 어떤 환경, 어떤 무대 조건일지 모르기 때문이죠. 모든 조건에 대비해서 연습해야 하기 때문에 항상 긴장하고 예민해요. 평상시에는 3시간 정도 연습하지만, 리사이틀 기간에는 집중해서 하루 15시간 이상 연습해요.

오케스터의 연습량은 솔리스트의 연습량에 비하면 많은 편은 아니에요. 아무래도 독무대와 단체 무대는 다르니까요. 그렇다고 연습을 소홀히 해서는 절대로 안 돼요. 오케스트라 무대에 설 때는 각자 파트 연습을 하고 합류하기 때문에 전체 리허설에서 지휘자의 지휘에 맞춘 음악의 흐름이 더 중요하죠. 저는 오케스트라 연습도 최소 3시간 정도는 해요.

편 공연이 없을 때도 매일 연습하나요?

강 당연하죠. 삼시 세끼 밥 먹는 것과 같아요. 직장인들은 주 5일 출근하지만, 저희는 일의 개념이라기보다 악기가 곧 밥이자 삶이죠.

편 연습 시간은 보통 얼마나 되나요?

강 앞서 말한 것과 같이 리사이틀 기간에는 15시간 이상, 평

매일 커다란 악기를 들고 연습실에 간다.

상시에는 3시간 이상 정도 연습해요.

편 혼자 연습하나요?

강 네. 개인 연습은 혼자 해요. 연습과 리허설은 완전한 다른 개념이에요. 솔로든 오케스트라든 충분한 개인 연습을 하고 나서 리허설에 임해야 해요.

편 그럼 피드백은 어떻게 하나요?

강 녹음과 녹화를 해서 주위 사람들과 동료들에게 물어봐요. 학생 때는 지도 교수님이 계셨는데 이제는 저에게 가르쳐 줄 수 있는 사람이 없으니 계속 물어보는 수밖에 없어요. 제 음악을 들어 줄 수 있는 동료나 가족, 그리고 공연을 준비하고 있을 때는 함께 연주하는 반주자에게 코멘트를 많이 요청해요.

편 연습할 때의 악기와 공연 때의 악기가 같은가요?

강 네. 무조건 같은 악기여야 해요. 연습 때랑 조금이라도 다르면 큰일 나죠. 안 그래도 예민한데…. 악기와 한 몸이 돼야 해요. 하지만 학생의 경우에는 중요한 콩쿠르나 입시 때

본인의 악기보다 역량이 더 좋은 악기를 대여하기도 해요. 그럴 경우에는 여유 있게 3~6개월 전에 미리 대여해서 본인의 악기처럼 익숙하게 만드는 게 좋아요. 다른 현악기보다 악기 사이즈가 크기 때문에 몸이 적응하는 시간도 배로 들거든요.

공연장에 따라서 크기가 큰 타악기나 더블베이스를 구비해 놓은 곳도 있고, 공연하는 단체의 소유인 악기가 있어서 굳이 본인의 악기를 지참하지 않아도 되는 공연도 있어요. 하지만 저는 국내 연주일 때는 악기가 홀에 구비되어 있어도 제 악기를 가지고 가요. 악기 관리가 미흡할 수 있고, 자신의 악기가 아니기 때문에 완벽한 연주가 되지 않을 수도 있기 때문이죠. 그래서 베이시스트들은 좋은 연주를 위해 무겁지만, 자신의 악기를 대부분 지참한답니다.

공연 시 헤어나 의상 스타일링은 어떻게 하나요?

편 공연 시 헤어나 의상 스타일링은 어떻게 하나요?

강 무대에 따라 직접 하기도 하고 전문가에게 맡기기도 해요. 귀국 독주회와 개인 리사이틀 공연 때는 전문가에게 맡겼어요. 청중이 가깝게 있기 때문에 디테일이 중요했기 때문이죠.

의상은 곡 분위기와 작곡자의 성향에 맞춰 골라요. 곡에 따라 차분하게, 순수하게 또는 화려하게 입어요. 무대의 크기

대기실에서 전문가에게 헤어와 메이크업을 받고 있다. 여동생이 일일 매니저로 함께 했다.

도 고려의 대상이에요. 보통 협연할 때는 무대가 크기 때문에 저를 멀리서 보게 되거든요. 그런 경우에는 의상 소재보다는 디자인의 화려함을 먼저 생각해요. 그래서 드레스도 화려해지고 메이크업도 진해지죠. 그때 메이크업은 제가 직접 해요. 반면에 리사이틀처럼 청중이 가까이 있는 무대에서는 드레스의 디자인보다 원단을 더 신경 써요. 1부와 2부 스타일링도 달라요. 분위기 변화로 관객들에게 좀 더 흥미를 주기 위함이죠. 연주자들이 프로그램을 정할 때는 보통 1부, 2부 나눠서 레퍼토리^{Repertory}를 생각하고 의상도 곡을 고려해서 선택해요. 참고로 저는 블랙 색상 드레스가 많아요. 여기에 좀 더 화려하게 하고 싶으면 스팽글을 부착하기도 해요.

리허설은 실제 공연과 같나요?

편 리허설은 실제 공연과 같나요?

강 연주자에 따라 달라요. 프로그램 전체를 다 연주하기도 하고 나눠서 하기도 하는데 저는 처음부터 끝까지 전체 리허설을 해요. 대신 체력이 소모되면 안 되니까 힘을 주지 않는 선에서 반주자와 호흡을 맞추죠. 리허설은 보통 공연 2시간 반 전에 해요.

독주회 리허설. 구두 굽의 높이에 따라 엔드핀을 조절해 악기의 키를 맞춰야 하는 경우에는 스타일링 후 리허설을 한다.

협연 리허설.

오케스트라 무대 리허설. 관객석이 텅 빈 공간에서 지휘자와 오케스트라 단원들이 무대 리허설을 한다.

공연 시작 직전, 무슨 생각을 하나요?

편 공연 시작 직전에는 무슨 생각을 하나요?

강 학생일 때는 잘해야 한다는 부담감이 커서 많이 떨렸어요. 틀리지 않게 해달라는 기도를 많이 했죠. 그런데 프로가 된 지금은 적당한 긴장감이 있어요. 물론 부담이 큰 무대도 있지만, 그 부담감을 즐기는 정도가 된 것 같아요. 대기실에서도 특별히 명상을 하지는 않고 평상시처럼 행동해요.

편 식사는 대기실에서 하나요?

강 네. 체력이 받쳐줘야 하기 때문에 속을 채워주는 죽을 주로 먹고요. 바나나와 견과류, 따뜻한 물을 자주 먹어요. 긴장감을 완화시켜 준다고 하더라고요.

편 공연 중간의 휴식 시간은 연주자가 정하는 건가요?

강 공연장의 규정을 따라요. 공연장마다 당일의 타임 테이블이 있는데 대부분 15분 정도 휴식 시간이 있어요.

공연 직전
대기실에서.

편 앙코르곡은 미리 준비하나요?

강 네. 주최 측에서는 혹시 앙코르가 나오지 않을 경우를 대
비해서 박수를 유도하기도 해요. 박수를 계속 치는 것이 앙코

르라는 의미거든요. 또한 관객이 연주자에 대한 예의(?)라고
도 할 수 있어요. 박수는 연주자가 연주를 모두 끝내고 무대
를 두 번 정도 왔다 갔다 할 수 있을 때까지 끊이지 않게 치는
것이 보통이에요. 만약 박수가 끊기면 연주자는 본인의 연주
가 관객들 마음에 들지 않았다고 생각할 수도 있거든요. 이렇
게 되면 미리 준비한 앙코르곡도 연주하면 안 되는 분위기라
고 느껴서 민망한 순간이 오기도 해요. 하지만 요즘에는 문화
예술에 대한 교양이 높아져서 클래식 공연 관객분들이 연주
자에게 끊임없는 박수갈채를 보내준답니다. 앙코르곡으로는
짧으면서 듣기 쉬운 대중적인 곡을 준비해요.

🔲 무대 예절에 대한 교육도 하나요?

🔲 따로 배운다기보다 클래식을 오래 하다 보면 자연스럽게
몸에 배는 것 같아요. 예술중학교, 예술고등학교, 음악대학교
에서 오케스트라와 솔리스트 수업을 하면서 향상음악회*를
매주 진행하기 때문에 익숙한 환경에서 자연스럽게 습득되는

---

* 향상음악회 또는 위클리 수업: 학생들의 무대 매너와 관중으로서의 예의범절을 자연
스럽게 배우는 시간이다. 학칙에 따라 매주 또는 격주에 한다.

거죠. 오케스트라인 경우에 단원은 앉는 위치에 따라 양쪽 문에서 입장해요. 그 후에 악장이 들어와서 튜닝을 하고 나면 지휘자가 입장하죠. 지휘자가 오케스트라를 일으켜 세우면 단원들은 악기를 들고 서 있고 지휘자는 관객석을 향해 인사해요. 독주회의 경우에는 독주자와 반주자가 같이 인사해요. 중간 휴식시간이 없더라도 한 곡이 끝나면 반드시 인사하고 다음 곡을 시작해요.

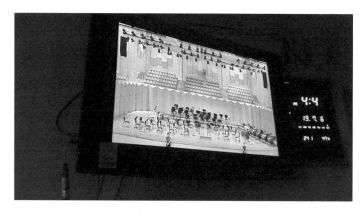

오케스트라 무대 뒤. 대기실이 따로 있지만 더블베이스 연주자들은 무대 문 뒤편 사각지대를 간이 대기실로 많이 이용한다. 악기가 커서 들고 나가기 힘들기 때문이다. 무대 입장 동선에 피해를 주지 않으며, 스태프의 업무에 방해되지 않도록 구석진 곳에 악기 케이스를 정돈하고 케이스를 방석 삼아 앉아 있는 것이 보통이다. 대기실과 마찬가지로 시계와 무대의 환경을 볼 수 있는 TV가 있어서 한눈에 살피고 들어갈 수 있다.

연주 프로그램에 대해 상의하는 분이 있나요?

편 연주 프로그램에 대해 상의하는 분이 있나요?

강 음악 하는 동료들에게 많이 물어봐요. 같은 더블베이시스트는 물론이고 반주자 등 많은 분의 의견을 들어요. 지도해 주신 선생님께도 여쭤보고요.

귀국 독주회 때는 특히 입시 선생님께서 도움을 많이 주셨어요. 연주곡으로 프랑스에서 했던 졸업 연주 프로그램을 하려고 했는데 너무 길고 어려워서 우리나라 사람들이 듣기에는 지루할 것 같다는 의견을 주셨어요. 당시 저는 한국의 정서를 잘 몰랐기 때문에 선생님의 의견이 아주 중요했죠. 그래서 3개월 전에 프로그램을 전면 수정했어요. 3개월 전에 독주회 프로그램을 수정한다는 것은 엄청난 모험이에요. 그만큼 저에게는 귀국 독주회가 중요했기 때문에 과감하게 수정했어요. 그리고 3개월 동안 죽어라 연습에 매진했죠.

가장 기억에 남는 연주는 언제였나요?

編 가장 기억에 남는 연주는 언제였나요?

姜 몇 가지 기억에 남는 연주회가 있어요. 학부 졸업 연주가 아무래도 더블베이스로서 첫 시작을 알리는 의미로 기억에 남고요. 귀국 독주회도 특별했죠. 서울 세종문화회관과 고향인 경북 영주시에서 했어요. 세종문화회관 공연에는 외할머니 친구분들이 버스 대절까지 하고 오셔서 만석이 되었어요. 아마 귀국 독주회 사상 그런 일은 없었을 거예요. 저희 외할머니께서 마당발이시거든요.

그중에서도 귀국 후 프로 첫 공연인 체코 필하모닉과의 협연이 가장 기억에 남아요. 귀국하고 나서 더는 유럽에서 공연할 기회가 없을 거라고 생각했는데, 다시 공연하게 되어 마음이 새롭더라고요. 더블베이스라는 악기의 특성상 비행기로 여러 나라를 자유롭게 이동하기 어렵잖아요. 하지만 유럽은 기차나 자동차를 이용해서 연주 여행을 할 수 있죠. 물론 시간은 좀 걸리지만요. 귀국한 뒤 해외에서 연주하는 것이 정말 값지고 귀하다는 것을 뒤늦게 깨달았어요. 그런 의미에서 체코 필하모닉과의 협연은 저를 다시 되돌아보는 계기가 되었

학부졸업 연주회 후 반주자와 함께.

어요. 유학생의 마음으로 돌아가서 발자취를 남기면서 공연을 했던 기억이 나요.

세종문화회관에서의 귀국 독주회를 마치고.

체코 필하모닉 협연 공연.

연주를 하면서 실수할 때도 있나요?

편 연주를 하면서 실수할 때도 있나요?

강 당연하죠. 사람이기 때문에 어쩔 수 없어요. 연주는 실시간 인생이라고 보면 돼요. 최대한 실수를 줄이는 방법은 연습뿐이죠. 실제 공연에서 자연스럽게 흘러가도록 수만 시간 연습하고 집중하는 거예요. 그래서 연습을 하는 것이 저희의 '일'이기도 해요. 프로가 되면 공연할 때 떨리냐의 문제가 아니고 얼마나 집중을 하느냐의 문제에요. 아무리 연습을 했어도 무대의 환경과 음향 조건, 관객석이 필요 이상으로 시끄러우면 연주자의 집중력이 약해져요. 집중력이 약해지면 실수를 하게 되죠.

편 어떻게 대처하나요?

강 솔로에서는 최대한 실수한 티가 나지 않게 넘어가요. 멈추지 않는다든지 화성학적으로 넘어가든지 하죠. 리사이틀 연습할 때는 '처음부터 끝까지 틀리더라도 멈추지 않고 연주하기'가 목표에요. 그렇게 연습을 해야 연주 때 실수를 하더라도 멈추는 상황이 발생하지 않아요.

오케스트라에서는 많은 연주자가 연주하기 때문에 실수가 더 많이 나올 수 있어요. 그렇지만 워낙 프로들이라 티가 잘 안 나고 실수라고 할지언정 미미하기 때문에 연주에 큰 지장은 없어요. 그러나 완벽한 연주를 위해서 모든 연주자가 각자 파트 연습을 하고 오케스트라 리허설을 하는 거죠. 그래야 같은 파트의 단원들과 다른 파트 단원들, 그리고 지휘자와의 호흡이 맞으니깐요. 연습을 많이 하고 경험이 많을수록 실수에도 빠르게 대비할 수 있으니 솔리스트든 오케스터든 자신만의 노하우를 가지고 있어야 하죠.

대극장과 소극장에서의 공연은
어떻게 다른가요?

편 대극장과 소극장에서의 공연은 어떻게 다른가요?

강 어떤 무대가 좋다고 말할 수는 없지만, 연주될 곡의 난이도와 연습의 정도에 따라서 차이는 있어요. 어렸을 때는 큰 무대가 떨리고 긴장되었는데 지금은 달라요. 큰 무대는 조명도 강하고 무대에서 관객석이 잘 보이지 않아 집중이 잘되기 때문에 오히려 좋은 공연이 나올 수 있어요. 작은 공연장은 관객들 바로 코앞에서 연주하기 때문에 긴장감이 더 크기도 하죠.

편 얼마 전에 있었던 마리아칼라스홀에서의 연주는 저도 관람했는데요. 호흡까지 느낄 수 있는 가까운 거리여서 연주자의 입장에서 부담스러울 것 같아요.

강 부담스럽긴 하지만 희열을 더 느끼기도 해요. 원래 더 가까운 거리의 하우스 콘서트를 자주 했기 때문에 마리아칼라스홀은 거리가 좀 있는 편이라고 느껴졌어요. 전 관객들과 소통하는 연주를 좋아해요. 저로 인해서 음악으로 행복을 느끼고 제 호흡으로 그 작곡가의 외적과 내적의 갈등과 행복, 그리고 그의 삶을 느꼈다면 더없이 만족해요. 실수했을 때는 조금 창피하긴 하지만요. 뭐 그게 하우스 콘서트의 묘미이기도 하죠.

원래 클래식 음악이 살롱음악이라고 해서 유럽에서 귀족들을 위한 음악에서 유래되었어요. 방 하나에 귀족과 그들의 친지, 지인이 모여 관람하고 그가 후원하는 음악가가 연주하는 형태에서 비롯했죠. 클래식 공연이 작은 공연에서 시작되었다는 점에서 보면 훨씬 재미있어요.

연남동 카페에서 공연한 하우스 콘서트. 연주자가 직접 해설을 하기 때문에 음악에 대한 이해도가 높아진다.

우리나라 클래식 공연장의 환경은 어떤가요?

편 우리나라 클래식 공연장의 환경은 어떤가요?

강 음…. 외부 설계나 인테리어 등 시스템적으로는 많이 좋아진 것 같아요. 하지만 음향은 좀 부족해요. 연주자들은 항상 최상의 컨디션으로 연주하고 싶어 하기 때문에 모두 만족시키기는 아마 힘들 거예요^^. 특히 더블베이스처럼 저음 악기의 경우에는 더욱 공연장의 환경에 민감하죠. 그러므로 좋은 공연장이라는 조건도 악기의 음역대와 연주자에 따라 다를 것 같아요.

일반적으로 클래식 공연장의 음질을 말할 때 첫 번째는 '충분한 적막寂寞'이에요. 충분한 음량을 확보하고, 작은 소리와 낮은 음을 제대로 전달하기 위해서는 우선 소음이 적어야 하는 거죠. 두 번째는 '적절한 에코음'이에요. 공연장에서 연주 소리가 아름답게 들리는 건 악기에서 나온 음이 벽에 반사돼 연주 후에도 실내에 남아 울리는 소리, 즉 에코 때문이죠. 그리고 마지막으로 공간감이 풍부하면 최상이에요. 아직 이 모든 조건을 갖춘 콘서트홀에서 연주해보지 못했어요. 물론 솔리스트로서 저의 주관적 견해에요. 국내 공연장으로는 롯

데콘서트홀이 가장 좋은 것 같아요. 연주자나 청중 모두를 다 고려한 공연장이죠. 오케스터 입장에서는 단원들과 지휘자가 시야에 다 들어와서 좋고, 관객석에서도 오케스트라 전체를 한눈에 담을 수 있는 무대에요. 음향도 연주자의 악기 소리와 다른 악기 소리가 잘 어우러져 들리기 때문에 최고의 하모니가 나올 수 있는 홀인 것 같아요.

편 클래식을 감상하기 가장 좋은 좌석은 어디인가요?

강 음악 전공자들 사이에서도 선호하는 자리가 달라요. 음악에는 답이 없으니까요. 심리적인 면이 강해서 기계적으로 어느 좌석이 좋다고 할 수 없죠. 소리 감상을 기준으로 한다면 중간 자리가 좋아요. 정중앙은 소리 확산감이 좋죠. 반대로 벽과 가까우면 반사음의 지연시간이 짧아 음색이 변하는 현상이 최대한 줄어든다는 장점이 있어요. 하지만 공연장에 따라서도 음의 진동이 다르기 때문에 어떤 좌석이 좋다고 단정하기는 힘들어요.

연주를 할 때 가장 고려해야 할 점은 무엇인가요?

편. 더블베이스 연주를 할 때 가장 고려해야 할 점은 무엇인가요?

강. 더블베이스는 저음 악기이기 때문에 음정에 민감해야 해요. 원래 음정이 낮은 악기이기 때문에 조금만 피치^{Pizz}가 떨어져도 상대방에게는 엄청나게 음정이 낮게 들리죠. 오히려 피치가 높은 게 나은 경우가 있어요. 덜 둔하게 들리거든요. 애초에 음정을 틀리면 안 되지만 현악기 연주자들은 평생 가져가야 할 숙제인 것 같아요.

편. 솔로 연주일 때는 악보를 보지 않죠?

강. 상황에 따라 달라요. 곡의 특성상 독주자 혼자 이끌어 가는 것보다 협력하는 부분이 많으면 외우기 힘들기 때문에 악보를 보고 연주를 해요. 사실 우리나라는 악보를 보지 않고 하는 문화가 있지만, 유럽은 그렇지 않아요. 물론 연주를 하다 보면 저절로 암보*가 되긴 해요. 제 경우에는 혹시 모를

---

* 암보(暗譜): 악보를 통째로 외우는 것.

상황을 위해서 악보 자체를 머리에 넣고 넘기는 타이밍까지 연습해요. 하지만 기본적으로 암보를 권장하지 않아요. 암보를 억지로 하다가 음악의 흐름을 놓치는 사고가 발생하기 때문이죠. 유럽의 음악인들은 악보를 보면서 연주를 하는 것이 차라리 안전하다고 생각해요.

편 오케스트라와 협연할 때는 어떤가요?

강 협연 독주일 때는 웬만하면 암보를 하는 것이 좋아요. 외우지 않으면 지휘자와 오케스터가 준비되지 않은 연주자라고 생각할 수도 있어요. 또 무대 미관상 솔리스트의 전체적인 모습을 볼 수 없기 때문에 관객을 위해서도 암보가 필수적이죠.

더블베이스를 위한 곡이 많이 있나요?

편 더블베이스를 위한 곡이 많이 있나요?

강 나름 있어요. 특히 조반니 보테시니Giovanni Bottesini(1821~1889)의 작품이 많아요. 보테시니는 더블베이스의 파가니니로 불릴 만큼 더블베이스 연주에 뛰어났던 이탈리아의 지휘자 겸 작곡자예요. 오케스트라의 구석자리를 지키고 있는 더블베이스를 하나의 독립된 연주 악기로 승화시킨 분이죠. 더블베이스를 위한 협주곡 이외에도 더블베이스와 피아노를 위한 작품, 솔로 바이올린과 더블베이스를 위한 곡, 두 대의 더블베이스를 위한 곡 등이 있어요. 제 논문에도 보테시니의 곡 중 하나를 연구해서 실었어요.

보테시니 외에도 칼 디터스 본 디터스도르프Karl Ditters von Dittersdorf(1739~1799), 세르게이 쿠세비츠키Sergey Koussevitzky(1874~1951), 요한 밥티스트 반할Johann Baptist Vanhal(1739~1813), 요한 마티아스 슈페르거Johann Matthias Sperger(1750~1812), 도메니코 드라고네티Domenico Dragonetti(1763~1846) 등이 더블베이스 곡을 작곡한 작곡가들이에요.

편 보테시니를 연주할 때 확실히 더블베이스가 돋보이더라고요. 연주회 프로그램 구성을 모두 보테시니로 하면 편할 것 같은데요.

강 보테시니 곡이 대체로 비슷비슷해요. 보테시니의 작곡 성향을 보면 리듬적인 면보다는 선율적인 면이 강해요. 그리고 본인이 좋아하는 오페라의 곡을 발췌해 더블베이스를 위해서 다시 작곡했기 때문에 다른 곡이지만 비슷해서 연구하기도 어렵고요. 그래서 모든 곡을 보테시니로만 할 수는 없어요. 청중 입장에서는 지루해질 수 있죠. 프로그램을 풍부하게 하기 위해서는 다양한 곡을 연주하는 것이 좋아요.

공연과 연습 외에 또 어떤 일이 있나요?

편. 공연과 연습 외에 또 어떤 일이 있나요?

강. 저 같은 경우에는 실내악 단체 'YJ 라포레 솔로이스츠^{YJ la} forêt Soloists'의 대표로 음악감독의 역할과 운영을 담당하고 있어요. 또 개인 레슨과 대학교에 출강해 후학을 양성하고, 취미를 즐기려는 문하생에게도 음악의 즐거움을 전하고 있죠.

편. 'YJ 라포레 솔로이스츠'는 어떤 단체인가요?

강. 경북 영주시에 기반을 둔 클래식 전문 연주 실내악 단체에요. 저는 영주의 클래식 문화를 발전시키고 싶은 욕심이 있어요. 그 일환으로 주말에는 영주의 학생들을 가르치고 있기도 하고요. 그렇지만 여전히 클래식 연주를 들을 기회는 부족하죠. 그래서 제가 비영리 단체를 설립했어요. 듀오, 트리오, 콰르텟, 더블베이스 앙상블, 채임버 오케스트라 등으로 클래시컬하게 활동하고 있어요. 영주 시민에게 클래식 문화를 알리고 전국적인 단체로 키우는 게 목표예요.

YEONGJU LA FORET
SOLOIST

Yeongju la forêt Soloist 1st Regular Concert

여름방학 청소년을 위한 해설있는 음악회

실내악 페스티벌

2018년 07월 28일 토요일 저녁 7시

영주 문화 예술회관 까치홀

▌주최 : 영주 라포레 솔로이스츠 Yeongju la forêt Soloist
▌후원 : 한국문화예술위원회, 상명대학교, 쾰른 국립 음악대학교, 생모르 국립 음악원
▌협찬
▌문의 : 영주 라포레 솔로이스츠 (카카오톡 플러스 친구) / yjlaforetsoloist.moodo.at

경상북도와 한국문화예술위원회 지역협력형사업으로 지원을 받았습니다.

'YJ 라포레 솔로이스츠' 제1회 정기연주회 포스터.

영주시 장애인복지회관 초청 트리오 연주.

미술관 초청 더블베이스 듀오 공연.

강선률 베이시스트가 생각하는
좋은 음악이란 무엇인가요?

편 강선률 베이시스트가 생각하는 좋은 음악이란 무엇인가요?

강 감정을 전달하는 음악이요. 감정이란 슬픈 감정, 행복한 감정 모두를 포함해 옛 기억을 회상할 수 있게 하는 요소라고 생각해요. 같은 음악을 들어도 느끼는 감정은 사람마다 다 다를 수 있잖아요. 그래서 저만의 해석이 있는 음악을 들려드리고 싶어요.

편 존경하는 작곡가는 누구인가요?

강 앞에서 말씀드렸던 조반니 보테시니에요. 더블베이스로 화려한 연주를 할 수 있다는 걸 보여준 분이죠. 베이스로 충분한 기량을 보여주고 싶어서 첼로가 사용하는 연주법인 프렌치 보우를 최초로 사용한 연주가이기도 해요. 연주 기량이 뛰어나기도 하지만 오페라 곡을 베이스 곡으로 재탄생 시켰다는 것이 너무 짜릿해요.

편 자신만의 연주 특징은 무엇이라고 생각하시나요?

강 '호흡'이에요. 저는 키가 작다는 저의 약점을 보완하기 위해 몸을 많이 쓰는 편이에요. 그러다 보니 호흡이 크고 악기와의 교감도 좋은 것 같아요. 그리고 특징이라면 손가락이 빨라요. 그래서 프레이징 연결을 잘하고 솔리스트로서 감정 표현이 좋다고 생각해요. 제 연주 특징을 제가 직접 표현하려니 너무 어렵네요. 보통 연주자들은 이런 말을 하는 것을 민망해하죠.

나를 부르는 또 다른 이름,
더블베이시스트

저는 이름이 없어요
저는 이제 이틀 됐어요.
내가 뭐라고 부르련?
행복해요 저는
기쁨이 제 이름이지요.
달콤한 기쁨이 함께하길!

—

윌리엄 블레이크, <갓난 기쁨> 중에서*

* William Blake, *Selected Poems of William Blake*, 서강목 옮김(2012), 『블레이크 시선』, 지식을만드는지식.

더블베이시스트라는 직업에 대해 소개해 주세요.

편 더블베이시스트라는 직업에 대해 소개해 주세요.

강 사실 더블베이시스트Double bassist는 정식 명칭이 아니에요. 보통 베이시스트Bassist라고 하고 독일식으로는 바씨스트Bassist(여성은 바씨스틴Bassistin)라고 해요. 하지만 더블베이시스트가 대중적이죠. 즉, 더블베이시스트는 더블베이스라는 악기를 연주하는 사람을 말해요. 클래식과 재즈 그리고 실용음악 등 다양한 장르에서 연주하죠. 저는 그중에서 클래식 연주자로 솔리스트를 중심으로 활동하며 오케스트라 객원으로도 활동하고 있어요.

더블베이스란 무슨 뜻일까?

더블베이스와 첼로는 악보에서 똑같이 낮은음자리표를 사용한다. 그러나 두 악기가 같은 음을 연주할 경우 실음 상 더블베이스는 첼로보다 한 옥타브 낮은 소리를 낸다. 따라서 두 배 낮은음을 내는 이 악기를 가리켜 '더블베이스'라고 부르게 되었다.

더블베이시스트가 일하는 곳은 어디인가요?

편 더블베이시스트가 일하는 곳은 어디인가요?

강 음악을 사랑하는 청중이 있는 곳이 저희가 일하는 곳이에요. 콘서트홀 같은 공연 장소가 보통이고요. 작게는 기업이나 미술관의 식전행사도 있죠. 출판기념회도 있고, 지인의 결혼식도 무대가 되고요. 요즘에는 클래식 애호가들에게 살롱음악회가 익숙하게 자리 잡아서 음악을 연주할 수 있는 장소라면 어디에서든 연주를 해요. 다양한 행사에서 베이시스트를 원한다면 어디든지 달려가죠. 연주가 없을 때는 연습실에서 가장 많은 시간을 보내요. 지난 연주에 대해 피드백도 하고, 새로운 곡을 연구하고 연습을 하죠. 개인 레슨도 연습실에서 주로 해요.

편 공연이 없을 때는 주로 연습을 하겠네요. 솔리스트는 개인 연습을 하실 것 같은데 오케스트라 단원은 어떻게 하나요? 매일 출근하나요?

강 오케스트라 일정표가 있어요. 오케스트라 공연과 리허설 일정에 맞춰 스케줄을 짜요. 대곡을 준비할 때는 보통 일주일 정도의 기간을 잡아서 하루 3시간 또는 6시간 리허설을 하고, 간단한 행사는 당일 리허설을 하고 바로 무대에 올라가는 경우도 있어요. 당일 리허설은 극히 드문 경우지만 스케줄 상 어쩔 수 없는 상황에는 리허설 때 최선을 다해야 하죠. 물론 정통 클래식 연주에서는 있을 수 없는 일이에요. 보통은 2~3일 리허설을 하고 무대에 올라요. 리허설은 합을 맞추는 것이기 때문에 악기 파트별 개인 연습은 각자 해야 하죠.

오케스트라에는 더블베이시스트가 몇 명인가요?

편 오케스트라에는 더블베이시스트가 몇 명인가요?

강 오케스트라의 재정 규모에 따라 천차만별이에요. 시립교향악단 정도의 규모에서는 베이시스트가 8~10명 정도 되고, 작은 악단도 최소 한 명은 있어야 해요. 그리고 곡의 편성에 따라서 인원을 축소하기도 하고 객원 단원을 추가하기도 해요. 예를 들어, 베이시스트가 10명인 시립교향악단이 소규모 공연을 한다면 베이시스트 두 명 정도도 충분할 수 있고, 낭만시대 거장의 교향곡을 연주하기 위해 풍부하고 든든한 저음이 필요하다면 객원 베이시스트를 추가로 섭외하기도 하죠. 개인적으로 더블베이스가 많으면 무대의 장악력과 관객을 끄는 힘이 강하기 때문에 큰 무대일수록 많은 베이시스트가 필요하다고 생각해요.

편 국내에 베이시스트로 활동하시는 분이 얼마나 되나요?

강 정확한 통계는 아니지만, 대학생과 대학원생을 제외하고 프로로 활동하고 있는 연주자는 대략 3,000명 정도 돼요. 그 수가 해마다 달라지는 것 같은데 확실한 것은 10년 전보다는 전공을 하려는 학생들의 수가 많이 줄었다는 거예요. 음악은 사회와 경제적 변화에 민감하기 때문에 10년 단위로 흐름이 변하는 것 같아요. 앞으로 10년 후에는 또 어떻게 바뀌어 있을지 궁금하네요.

편 그중 솔리스트는 몇 명인가요?

강 앞에서 말씀드린 것처럼 정확한 수치를 통계할 수는 없어요. 세계 각지에서 묵묵히 연주 활동을 하시는 분들이 계실 수도 있으니까요. 어림잡아 현재 국내에서 활동하고 있는 클래식 솔리스트는 약 20~30명 정도인 것 같아요.

편 국내파 솔리스트도 있나요?

강 다른 악기는 점차 생겨나고 있지만, 클래식 더블베이스에는 아직 없는 것 같아요. 아무래도 서양악기이므로 유학이 중요하다고 생각하는 것 같아요. 그 때문에 국내파들이 설 자리가 별로 없어요. 실력이 있더라고 명함을 내기가 힘들죠. 하지만 오케스터의 경우에는 대학 졸업 후 바로 취업을 한 베이시스트도 꽤 있어요.

편 악기의 특성상 남자가 많을 것 같은데 남녀 비율은 어떻게 되나요?

강 사실 대학 입시를 보면 여학생의 비율이 더 높아요. 하지만 사회에 나오면 여성은 결혼 등의 이유로 악기를 접는 경우가 많기 때문에 시간이 지날수록 남성이 많죠. 남성 대 여성의 비율은 7:3 정도예요.

더블베이스로 솔로 연주도 가능한가요?

편 더블베이스는 오케스트라 맨 뒷줄에서 받쳐주는 악기라는 인식이 큰데 솔로 연주도 있나요?

강 물론, 당연하죠. 제가 그 역할을 하고 있어요. 아직 솔리스트들이 많이 없고 악기의 크기가 크기 때문에 연습량이 많아서 힘들긴 하지만, 그만큼 매력적이고 멋있는 악기이기에 솔로 연주도 충분히 가능해요. 악기의 키가 크기 때문에 표현할 수 있는 소리의 범위가 더욱 다양하죠.

편 솔리스트는 혼자 연주하나요?

강 피아노의 경우는 피아니스트 혼자 연주를 하지만 관현악의 경우는 보통 반주가 있어요. 이때는 피아니스트가 솔로 악기를 도와주는 반주자의 역할을 하죠. 물론 반주 없는 솔로 연주도 있고 오케스트라와 협연도 해요.

편 오케스트라 연주와 솔로 연주는 어떻게 다른가요?

강 오케스트라에서는 전체적으로 건물이 무너지지 않게 바닥의 중심을 잘 지탱해 주는 대들보라고 생각하면 돼요. 다른 의미에서 보면 병풍이라고 보시는 분들도 있는데, 그 병풍도 다 쓸모가 있잖아요. 저음으로 전체적으로 음악을 이끌어 나아간다고 보면 될 것 같아요.

솔로 연주에서는 다른 악기의 솔로 연주자들처럼 화려하게 독주를 해요. 믿기 어려울 수도 있지만, 더블베이스의 매력은 무한대예요.

편. 오케스트라 단원도 솔리스트로 활동할 수 있나요?

강. 네. 가능해요. 그렇지만 거의 드물죠. 유럽에는 30명 정도 있는데, 현실적으로 거의 불가능해요. 체력적으로 한계치가 오거든요. 아침엔 오케스트라 리허설을 하고, 오후엔 독수공방(?)하면서 솔로 연습을 해야 하기 때문에 정말 힘들죠. 오케스터 단원인 베이시스트가 독주회를 준비한다면 솔리스트보다 더 많은 체력과 집중이 요구돼요. 오케스트라 파트 연습도 해야 하고, 독주회까지 연습하려면 시간이 턱없이 부족하니까요. 유럽에서 활동하는 투잡 베이시스트들이 대단하다고 생각해요. 저희 프랑스 지도 교수님이 그중 한 분이세요.

세계적인 더블베이시스트 클라우스 트럼프(Klaus Trumpf) 교수님. '요한 마티아스 슈페르거 콩쿠르(Johann Matthias Sperger Wettweberb)' 중간 파티에서. 트럼프 교수님은 슈페르거 재단의 총 담당을 맡고 있다.

이탈리아 출신 세계적인 솔리스트인 '베이스 갱(The Bass Gang)'의 알베르토 보치니 (Alberto Bocini). '요한 마티아스 슈페르거 콩쿠르' 중간 파티에서.

유럽에서 활발하게 활동하고 있는 더블베이시스트 중 저자의 지도 교수인 바흐베 교수님. '요한 마티아스 슈페르거 콩쿠르' 심사위원으로도 활동하고 있다. 아쉽게 저자가 참여한 2016년에만 심사위원으로 참여하지 않아 클래스 학우들이 모두 주눅 들어 있었다는 비하인드 스토리가 있다. 윗줄 왼쪽에서 세 번째가 바흐베 교수님이다.

클래식 더블베이스와 재즈 더블베이스는 다른가요?

편 클래식 더블베이스와 재즈 더블베이스는 다른가요?

강 주법이 완전히 달라요. 제가 알기로 재즈는 가끔 활도 쓰지만 주로 현을 손가락으로 튕기는 피치카토 주법을 쓰기 때문에 베이시스트의 테크닉이 다른 방향으로 발달되어 있어요. 울림이 달라요. 피치카토라는 주법이 클래식과 재즈 두 분야 모두에서 사용되지만 테크닉 구현은 전혀 다르답니다. 악기만 같을 뿐 전혀 다른 영역이에요. 물론 클래식을 알고 재즈로 넘어가면 쉽기는 하겠지만 화성학적으로 완전히 다르다고 보면 돼요. 악기의 영역이 아니라 클래식과 재즈로 구분해야 할 것 같아요. 요즘에는 실용음악이라는 대중적인 장르도 생겨서 다른 현악기에 비해 더블베이스가 연주할 수 있는 범위는 점점 더 넓어지고 있어요.

편 연주를 서서 하기도 하고 앉아서 하기도 하던데요.

강 연주자의 선택이에요. 물론 오케스트라 연주는 장시간 공연이기 때문에 앉아서 연주하는 것을 선호해요. 보통 높은 의자에 앉아 악기를 몸쪽으로 기댄 후 연주하죠. 저는 솔로 공연은 서서 연주해요. 처음에는 저도 앉아서 했어요. 안정감이 있으니까요. 그런데 테크닉을 자유롭게 발휘하기 어렵더라고요. 솔로 연주는 활이 정확해야 하는데 키가 작고 팔이 짧으니까 앉아서 하면 팔이 자유롭지가 않아요. 여러 가지 방법을 연구했는데 결국 키가 작아서 포기했어요. 대신 몸을 많이 쓰는 편이에요.

앉아서 연주하시는 분은 앉아서만 해요. 한 동료는 실제 연주에도 연습할 때 사용한 의자를 가지고 다녀요. 서서 할 것인지, 앉아서 할 것인지도 베이시스트들에게는 하나의 주법이에요.

수입은 어느 정도인가요?

편 수입은 어느 정도인가요?

강 오케스트라 단원의 경우 월 80~350만 원 플러스알파예요. 알파는 연주 수당을 뜻하는 거고요. 외부 행사 일정이 급하게 잡힌다든가 하면 수당이 지급된다고 해요. 오케스트라 규모와 평 단원, 수석의 차이에 따라 급여 차이가 있고요. 그 외 레슨 수입이 있어요. 시향 단원이면 레슨 의뢰가 많죠. 사실 우리나라 오케스트라의 경우 기본급 350만 원을 받기는 좀 힘들어요. 유럽의 경우에는 한국보다는 처우가 좋죠.

저와 같은 프리랜서 솔리스트의 경우는 천차만별이에요. 초청 독주회 공연료의 차이가 크거든요. 사실 정해진 금액은 없어요. 그래서 연주자와 공연 기획자가 잘 협의해야 해요. 물론 유명할수록 공연료는 더 높아지겠죠. 이 부분은 연주자에게 예민한 내용이어서 대답하기가 조심스럽네요. 연주를 돈으로 환산한다는 것 자체가 민감한 부분이니까요. 저를 예로 들어 설명하는 것이니 오해는 없었으면 해요. 저의 경우 해외 초청 공연은 숙박과 교통비를 제외하고 500만 원부터 협상을 해요. 하지만 제가 이름이 알려지지 않았기 때문에 아직까지는 협상보다는 기획사에서 제시하는 금액에 많이 수긍하는 편이에요. 그리고 더 이름을 알려야지(?) 마음을 먹으면서 열심히 연습한답니다. 국내 소규모 공연은 100만 원부터 협상을 해요. 물론 상황에 따라서 달라지기도 해요. 독주회 외에 오케스트라 객원으로 나가는 경우도 있는데, 이런 경우 보통 리허설은 회당 5~6만 원이고 공연 때는 더블 정도예요. 너무 낮다고 생각하실 텐데 이상하게도 20년 전 가격 그대로 예요. 일정은 리허설 2~3회와 연주회 당일 포함해서 3~4일 정도 소요되고요. 기업 행사나 다양한 형식의 공연은 주최 측과 미리 공연비를 조정해요.

솔리스트의 공연료 책정 기준이 있나요?

편 솔리스트의 공연료 책정 기준이 있나요?

강 공식적인 기준이 있는 건 아니에요. 하지만 솔리스트 본인이 정한 가이드라인은 있을 거예요. 저는 피아노 반주가 있는 10분 내외 프로그램의 경우 보통 100만 원을 시작으로 책정해놓고 행사의 종류와 규모에 따라서 차등 적용해요. 예를 들면 기업과 미술관 행사처럼 규모가 커서 프로그램 구성에 신경을 더 많이 써야 하는 경우와 출판 기념회처럼 조금 캐주얼한 분위기의 경우는 비용이 달라지죠. 물론 클래식 음악을 널리 알리자는 취지의 공연인 경우에는 비용을 따지지 않기도 하고요.

편 성수기, 비수기가 있나요?

강 성수기는 봄, 가을 축제 기간과 연말 송년회 시기예요. 1~2월과 여름 휴가철인 7월 말~8월 중순은 완전 비수기죠. 이때는 여행을 가거나 중요한 공연을 대비해서 연습을 많이 해요.

 연주 외에 레슨 수입도 많을 것 같아요.

 네. 하지만 요즘은 레슨이 별로 없어요. 지금은 오히려 학생보다 선생이 많은 편이죠. 그래도 레슨은 꾸준하게 들어오는 수입이기에 안정감이 있는 편이에요.

 레슨은 몇 명이나 하시나요?

 현재 개인 레슨은 네 명에게 하고 있어요. 세 명은 입시를 목표로 하는 학생이고, 한 명은 취미로 하는 직장인이에

중고등학생 4:1 그룹 레슨 중 쉬는 시간. 쉬는 시간이라고 말이 떨어지기 무섭게 다들 쏜살같이 사라졌다. 악기만 덩그러니 누워있는 모습이 우습다.

요. 취미로 배우고 싶어 하는 사람이 은근히 많아요. 청소년 오케스트라에 출강도 하고 있어요. 정기연주회 등 중요한 연주에는 저도 학생들과 같이 연주에 참여해서 공연의 질을 향상시키기도 하죠. 또한 대학교에 출강해 프로 베이시스트가 되기 위한 학생들을 가르치고 있어요.

편 안정적으로 연주하기 위해서는 오케스트라에 입단하는 것이 좋겠네요.

강 아무래도 그렇죠. 하지만 고학력 연주자가 갈만한 오케스트라가 많지 않아요.* 저도 유학 후 귀국해서 사단 오케스트라에 잠깐 소속된 적이 있었는데 이때는 수입보다는 연구를 위해서였어요. 유학에서 돌아온 고학력의 젊은 연주자들이 거치는 필수 코스 같은 개념이었거든요. 외국은 오케스트라가 A, B, C 군으로 나눠진 체계적인 시스템이에요. 예를 들

---

* 2014년 통계 자료에 의하면 전국의 국공립 오케스트라 수는 28개이다. 우리나라 교향악단의 역사는 1926년 중앙악우회로부터 시작된다. 1956, 1957년 KBS교향악단과 서울시립교향악단이 창단되면서 교향악단 설립의 기반을 다졌고, 1962년 부산시립교향악단을 시작으로 지방 중소도시에 시립교향악단이 생겨나기 시작했다. 1990년대 본격적으로 지방자치단체의 교향악단이 창단되면서 2000년대 이후로는 전국 각지의 기초자치단체 산하 오케스트라들이 운영되고 있다.

어 나이가 어리거나 쌓아놓은 스펙이 적은 경우에는 C 군부터 시작해서 차차 올라가는 시스템이죠. 한국은 일단 오케스트라 자체가 많지 않아 공석이 생기기가 어려워요.

편 해외 취업은 어떤가요?

강 요즘에는 중국과 대만, 베트남이 20년 전 클래식 돌풍을 일으킨 한국의 모습과 비슷해요. 연봉은 높진 않지만 안정된 생활이 필요한 연주자들은 귀국 후 중국이나 대만으로 가는 경우가 점차 늘어나고 있어요.

솔리스트는 솔로 공연을 주로 하죠?

편 솔리스트는 솔로 공연을 주로 하죠?

강 보통 솔로 공연을 하고, 객원으로 오케스트라 공연도 하고 실내악 공연도 해요. 아무래도 독주회를 많이 하려고 하죠. 하지만 체력적으로 무리가 있어요. 사실 5월에 예정했던 파리 공연을 취소했어요. 그동안의 공연으로 인해 체력에 한계가 왔거든요. 10월에 더 중요한 해외 공연이 있기 때문에 한 달이라도 쉬어야 할 것 같아서 포기하긴 했지만, 너무 아쉬워요.

편 해외 공연이라 더 아쉽겠네요.

강 프랑스의 모교 초청 공연이고 특히 스승님과 프로로서 처음으로 하는 듀오 연주였던 터라 더 아쉬움이 커요. 며칠 전에 비행기 티켓도 다 취소했어요. 너무 슬퍼요. 하지만 더 큰 연주를 위해 마음을 접었죠.

편 공연 횟수는 보통 어느 정도인가요?

강 저는 귀국 독주회 후 솔로 공연을 평균 한 달에 한 번 정도 했어요. 그러려면 매일 연습실에서 살아야 해요.

피아노 반주가 있는 솔로 연주.

채임버 오케스트라 연주.

Job
Propose 26

무반주 솔로 연주.

클래식 전문방송 Arte TV의 오케스트라 연주. 베이시스트를 여성으로만 구성한 흔치 않은 공연이었다.

오케스트라 연주. 연주하는 모습이 방송에 소개되었다.

오케스트라와 협연 독주.

7중주 앙상블.

공연은 어떻게 성사되나요?

편 공연은 어떻게 성사되나요?

강 지인을 통한 연락도 있고 요즘에는 SNS 등 여러 경로를 통해서 연락이 와요. 시대가 변화함에 따라 연주자를 섭외하는 방법도 다양해지고 있어요.

편 기획사가 있나요?

강 네. 기획사를 통해 공연 연락이 오기도 해요. 저는 한국 기획사는 없고 해외 기획사가 있어요. 공연을 기획하고 공연장 섭외, 연주자의 스케줄을 조정하는 역할을 해요.

편 초청 공연 외에 직접 기획하기도 하나요?

강 비영리 단체인 'YJ 라포레 솔로이스츠'를 운영하고 있어서 그 단체를 통해 공연 기획을 하기도 해요. 제 고향이 경북 영주인데 고향의 클래식 저변을 넓히려는 취지에서 설립했죠. 작년에 정기 연주회를 한 번 했고, 비정기적으로 클래식 음악 감상회를 주최하기도 했어요. 사회복지단체와 협력해서 잔디밭에서 앙상블 연주회를 하기도 했고요. 작년과 올해는 문화체육관광부에 사업계획서를 제출해서 문화예술 지원금을 확충하기도 했어요. 또 연주 프로그램을 기획해서 기업 행사 등에 단원들을 출장 보내기도 하죠.

해외 공연은 어떻게 이루어지나요?

편 해외 공연은 어떻게 이루어지나요?

강 권위 있는 국제 콩쿠르에서 1등을 해서 유명해지면 별다른 노력 없이도 초청 의뢰가 오겠지만 저는 사실 애매한 경우예요. 국제 콩쿠르에서 아쉬운 등수로 입상한 경우가 많기 때문에 이름이 알려지긴 했지만 1등은 아닌 거죠. 하지만 해외 기획사에 소속되어 있으니까 기획사를 통해 연락이 와요. 10월에 있을 빈 필하모닉과의 협연 공연도 그런 경우죠. 많은 공연 의뢰가 들어오지만, 악기가 크기 때문에 이동 수단의 어려움으로 해외 공연이 어렵기도 해요.

편 기획사와는 어떻게 연이 닿았나요?

강 보통 기획사에서 발굴하는 케이스에요. 독주회를 보고 이미지가 맞는다고 생각하면 유럽 본사에서 미팅 제의를 하는 거죠. 저도 귀국 독주회 후에 미팅을 했고 같이 일하게 됐어요.

편 독주회 프로그램 구성은 직접 하나요?

강 네. 곡 선정은 당시의 제 심리가 많이 반영되는 거 같아요. 그리고 저는 독주회 연습 기간에는 일부러 공연 곡이 아닌 곡을 주로 듣는데 이때 제 마음을 끄는 곡이 있으면 다음 공연 때 반영하는 편이에요.

더블베이시스트로서의 애환이 있나요?

편 더블베이시스트로서의 애환이 있나요?

강 저희 더블베이스 연주자들끼리는 '저음의 비애'라고 해요. 음정을 정확하게 짚어도 낮게 들리고 조금만 미스터치가 나면 엄청 낮게 들려요. 그래서 음정이 불안정하다고 느끼게 되는 거죠.

그리고 악기가 크다 보니 체력적으로 힘들어요. 큰 몸집의 악기를 몸 전체 또는 손목의 힘으로 지탱해야 하니 무리가 가죠. 아무래도 다른 현악기에 비해 많은 힘을 필요로 하니 연주할 때면 몸 전체가 긴장돼요. 최대한 좋은 자세를 유지하려고 해도 쉽지 않아요. 연습을 끝내면 항상 온몸이 아파요. 저는 원래 키가 160cm였는데 악기를 급하게 배우느라 골반이 틀어져 158cm로 키가 줄었어요. 골반은 여전히 틀어진 상태로 있고요. 하지만 올바른 자세로 연습하면 저처럼 키가 줄어드는 일은 없을 거예요.

음악적으로는 더블베이스를 위한 독주곡과 협주곡이 많이 없다는 것도 애환이에요. 이런 이유로 다른 악기들보다 덜 친숙하기도 하고요. 또 솔리스트로서는 더블베이스가 오케스트라의 뒤편에 있는 악기라는 선입견 때문에 외로운 느낌도 있어요.

편 악기가 커서 체력적으로 힘들 것 같아요.

강 사실 체력 관리를 해야 하는데 따로 하질 못해서 매번 병이 나서 몸이 비실대요. 제가 할 수 있는 거라곤 영양제와 홍삼을 챙겨 먹거나 비타민 주사 맞는 정도거든요.

편 스트레스는 어떻게 해소하나요?

강 저는 무조건 잠을 자요. 아무래도 평상시에 큰 악기를 다루는 직업이다 보니 운동선수만큼은 아니어도 몸을 많이 쓰거든요. 아무 소리도 없는 곳에서 방해받지 않고 혼자만의 시간을 가지면 스트레스가 풀려요.

정년은 언제까지인가요?

편 정년은 언제까지인가요?

강 예술 활동이므로 정년은 따로 없어요. 손가락이 부러질 때까지 그리고 생명이 다할 때까지라고 할 수 있죠. 하지만 체력적으로 힘들기 때문에 건강에 힘써야 해요. 얼마 전에도 동료 한 분이 연주 바로 직후에 사망하신 안타까운 일이 있었어요. 그래도 연주자의 책임을 다하고 가셔서 저희는 뜨거운 눈물로 보내드렸어요.

편 언제까지 이 일을 하실 건가요?

강 솔리스트로 오래 활동하고 싶은데 건강 때문에 걱정이에요. 솔리스트는 체력이 좋아야 하거든요. 솔리스트든 오케스터든 체력이 허락하는 한 오랫동안 하고 싶어요. 연주하고 싶은 곡이 아직 너무 많거든요

편 다른 분야로 진출이 가능한가요?

강 완전히 다른 분야는 생각해보지 않았어요. 음악가들은 보통 더 폭넓게 음악을 하기 위해 지휘를 많이 하죠. 저도 요

즘 지휘를 관심 있게 생각하고 있어요. 그리고 공연예술 기획
과 경영, 행정을 공부하려고 해요. 더욱 다양한 공연문화의
향유를 위함이죠.

더블베이시스트에 대해 어떻게 전망하시나요?

📝 더블베이시스트에 대해 어떻게 전망하시나요?

🎻 한없이 넓고 깊은 바다 같아요. 너무 음악인처럼 말했나요? 문화에 대한 대중의 욕구가 커지면서 연주회 등 공연에 참여하는 관객의 수요가 증가하고 있어요. 또한 여가 활동이 활발해지면서 악기를 배우는 등 취미 생활도 다양해지고 있죠. 제가 레슨하는 학생 중에도 입시생이 아닌 취미로 배우는 직장인이 있어요.

오케스트라에서 더블베이스의 역할은 꾸준할 것이고, 솔리스트들은 화려한 독주를 이어갈 거예요. 제 뒤를 잇는 솔리스트도 계속 배출되겠죠. 갈 길이 많은 직업이에요. 그리고 다른 악기군에 비해 장르가 다양하다는 것도 큰 장점이죠. 클래식, 재즈, 실용음악, 탱고 등으로 연주할 수 있어요. 더블베이스는 조연과 주연이 동시에 가능하기에 무한한 가능성이 있는 악기예요.

📝 4차 산업혁명 도래로 인공지능 로봇이 완벽한 연주를 하게 된다면 경쟁력이 있을까요?

청중들과 소통하는 연주.

강 음악가는 로봇이나 인공지능 기술의 발달에 의해 대체될 수 없는 창의성 영역의 직업이에요. 로봇이 연주할 수는 있겠죠. 하지만 연주에는 연주자의 호흡과 감정이 실려야 해요. 로봇이 테크닉적으로 연주를 잘할 수는 있지만 그 감정을 전달하기는 쉽지 않죠. 오히려 온라인 플랫폼 및 소셜미디어의 발달로 연주자들이 더 쉽게 음악 콘텐츠를 생산하고 공유할 기회가 늘어날 것이기 때문에 연주할 기회가 더 많다고 생각해요. 더블베이스만 언급하는 것이 아니라 모든 음악과 예술을 통틀어서요. 게다가 더블베이스는 솔리스트로서 점점 부상하는 악기군이기에 더욱더 매력 있는 직업이라고 생각해요.

서울시립교향악단의 수석 더블베이시스트 안동혁 교수님과 듀오 연주를 마치고.

더 이상 싸울 일은 없어요.
적어도 서로에게서는.
봐요, 문 밖의 세상이
얼마나 멋진지!

—

데이비드 로런스, 〈봄의 아침〉 중에서*

* David H. Lawrence, *Selected Poems of D. H. Lawrence*, 윤명옥 옮김(2011), 『로런스 시선』, 지식을만드는지식.

더블베이시스트가 되기 위한
일반적인 방법을 알려주세요.

편 더블베이시스트가 되기 위한 일반적인 방법을 알려주세요.

강 우선 악기에 대한 관심이 가장 중요해요. 그래야 악기를 배우려는 욕심이 생기니까요. 요즘에는 빠르면 초등학교 저학년부터 시작하는 경우도 있고 늦더라도 재능이 있으면 고등학교 2, 3학년 때도 시작할 수 있어요. 처음부터 바로 더블베이스를 선택할 수도 있지만 다른 악기를 먼저 시작하기도 해요. 악기가 크기 때문에 너무 어려서 시작하면 오히려 자세가 좋지 않는 등 성장기에 나쁜 영향을 미치거든요.

부모님이 보기에 음악에 재능이 있다고 생각되면 피아노부터 시작하면 돼요. 음정을 익히는 것이 중요하니까요. 그다음에 서서히 더블베이스 전공을 하는 것도 늦지 않다고 생각해요.

편 고등학교 때 시작해도 가능하다는 말씀이시죠?

강 네. 가능해요. 하지만 본인의 노력에 따라 결과에 큰 차이가 있어요. 앞에서도 말씀드렸듯이 재능이 있으면 고등학교 2, 3학년에도 시작할 수 있어요. 제가 입시를 준비했던 시기에도 고등학교 1학년 학생들이 이제 막 시작한 경우가 많았어요. 하지만 대학 입시 곡의 레퍼토리가 날이 갈수록 난도가 높아지고 있어서 1~2년 만에 상위권 대학에 합격하려면 노력을 많이 하긴 해야 해요. 더블베이스는 운동 신경, 음악성, 노력(연습)이기 때문에 운동 신경과 음악성을 타고난 학생이 노력만 한다면 짧은 시간에 좋은 결과를 낼 수 있어요. 개인적 견해로는 급하게 곡을 배우는 것보다 느리지만 기초부터 여유롭게 학습하는 방법이 제일 좋다고 생각해요.

편 클래식 연주가가 되려면 어릴 때 시작해야 할 것 같은데요.

강 사실 악기를 시작하는 시점에 대해 정해진 시기는 없어요. 그렇지만 음악적 경험이 빠르면 좋을 것 같아요. 감수성과 감정, 그리고 음악의 깊이와 작품의 이해력이 풍부해져서 자신도 모르는 사이에 자신만의 해석이 형성되니까요. 어렸을 때부터 이미 클래식 음악을 많이 들었기 때문에 뇌가 알아서 되는 거죠. 절대음감은 만 3세 때 정착된다고 하니 아이에게 음악 교육을 시킬 예정이라면 미리 튜닝이 잘된 피아노를 태교 음악으로 들려주는 것도 좋은 방법이에요. 그리고 어릴 때부터 부모님이 아이와 함께 공연장을 찾는 것도 좋아요. 공연은 가장 인간적인 문화 체험이고, 보고 듣는 것 이상으로 감수성을 자극하기 때문이죠. 또한 자연스럽게 공연장의 에티켓을 배울 수 있는 교육적인 공간이기도 해요. 악기는 연주법을 배우는 게 전부가 아니거든요.

이렇게 클래식과 친해지고 나서 악기를 시작하면 된다고 생각해요. 굳이 "몇 살이 좋아요?"라고 질문을 한다면 성장 속도에 비례해 여자아이들의 경우는 초경 시작쯤, 남자아이들은 초등학교 6학년쯤이 되겠네요. 물론 가장 좋은 건 본인이 정말 하고 싶을 때 하는 것이죠. 학생(본인), 부모님(경제적 능력), 선생님(좋은 선생님)의 3박자가 딱 맞을 때 시작하면 더할 나위 없어요.

더블베이스를 배우고 8개월 만에
음대에 입학하셨다고 했는데 입시 준비는
어떻게 했나요?

편 더블베이스로 음대에 입학하기까지 8개월이라 하셨는데 어떻게 준비했나요?

강 사실 레슨 선생님은 1년 재수해서 더 좋은 대학에 가라고 하셨어요. 그런데 그때 저는 마음이 급했어요. 피아노를 포기하고 새로 시작한 만큼 뒤처졌다고 생각하니까 조급해져서 어느 대학이든 빨리 들어가야겠다는 생각뿐이었어요. 그래서 선생님 다리를 붙잡고 매달려서 한 곡만 죽어라 연습했어요. 상명대학교에 기적같이 합격했고 지금도 베이시스트로서의 첫 발판이 되어 준 모교에 항상 감사하게 생각하고 있어요.

편 8개월 만에 음대 합격이라니 이 책을 읽는 학생들에게는 엄청나게 희망적인 말이네요.

강 네. 열심히 하면 불가능한 일은 아니에요. 저는 늦게 시작했기 때문에 남들의 몇 배는 더 열심히 했어요. 그런데 의외의 복병이 있었어요. 제가 절대음감이었기 때문에 사실 더 힘들었어요. 음악을 하는데 절대음감이 더 좋지 않냐고요? 절대적인 것은 아니에요. 더블베이스는 솔로 튜닝과 오케스트라 튜닝이 달라요. 오케스트라 튜닝은 들리는 대로 튜닝하면 되지만 솔로 연주를 할 때는 낮게 들리기 때문에 한 음 높여서 튜닝하거든요. 저는 절대음감*이라 악보는 '솔'인데 들리는 음은 '라'음이기 때문에 너무 힘들었어요. 그래서 솔리스트는 상대음감**인 사람이 더 빨리 적응할 수 있어요. 상대음감은 음을 바로 알진 않더라도 음의 간격을 계산할 수 있기 때문에 복잡한 코드도 쉽게 알 수 있거든요.

---

* 절대음감(Absolute pitch): 어떤 음(일반적으로 악음)을 듣고 그 고유의 음높이(절대음고)를 즉석에서 판별할 수 있는 청각능력을 말한다. 외부의 도움이 없이도 스스로 자신이 들은 음의 높이를 알 수 있다. 예를 들어 길을 지나다 자동차의 경적 소리를 들었을 때, 그 소리의 음정이 피아노의 어느 건반에 해당하는지 즉시 알 수 있다면, 그 사람은 절대음감의 소유자이다.

** 상대음감(Relative hearing): 어떤 음(音)을 듣고 다른 음과의 비교를 통해서만 음높이를 판별할 수 있는 청각능력이다. 다른 음과의 비교를 통해서 음높이를 지각하는 능력이다. 절대음감의 예와 같이 자동차 경적 소리를 들었을 때, 그 음정을 기억했다가 피아노 건반을 눌러 본 다음 경적 소리와 피아노 소리의 차이를 계산해 음정을 알 수 있다면, 그 사람이 상대음감의 소유자이다.

대학 입시 실기 시험은 어떤 형식인가요?

편 대학 입시 실기 시험은 어떤 형식인가요?

강 학교에 따라 지정곡이 있는데 보통 9~10월에 지정곡을 발표해요. 자유곡인 학교도 있어요. 하지만 입시생이 할 수 있는 곡이 한정적이기 때문에 대체로 어떤 곡이 지정될 지 짐작할 수 있죠. 그러니 미리 연습할 수 있어요. 그리고 우리나라 음대 실기에서 가장 중요한 것은 암보에요. 미스 터치가 나더라도 악보를 외어서 해야 해요. 하지만 유럽은 그렇지 않아요. 한국에서 항상 연주를 암보로 하다가 유럽에서 악보를 편하게 봐도 되니까 너무 좋더라고요.

입시에서 협연곡을 연주할 때는 오케스트라 대신 피아니스트가 반주해요. 물론 피아니스트가 오케스트라의 총보(모든 악기군의 악보를 피아노 악보처럼 한눈에 보이게 묶어놓은 것)를 지휘자처럼 연주하는 것은 아니고 독주자와 피아노 반주를 위한 악보를 참조해서 반주를 하죠. 시중에 출판된 악보 중 독주자를 위한 오케스트라용 악보로는 출판사별로 해석을 포함한 악보 혹은 문고판의 작은 사이즈가 대부분이에요. 오케스트라용 정식 악보는 비싸기 때문에 대여하기도 해요.

편 더블베이스 전공이 있는 대학은 얼마나 되나요?

강 약 30여 개 대학이에요.

편 음대 안에서 세부적으로 전공을 나누는 건가요?

강 제가 학교 다닐 때는 '음악대학 관현악과 소속 더블베이스 전공'이었어요. 요즘은 예술대학의 규모가 줄어들다 보니 모집 정원도 줄고 있는 것 같아요. 물론 대학생 수 자체도 줄어드는 경향이라 경쟁률은 비슷한 것 같고요. 반면 실용음악과 재즈는 입시가 더 치열해졌다고 들었어요. 사실, 실용음악과 재즈 전공의 전문가들에게 의견을 듣는 것이 더 정확할 것 같아요. 저의 주관적인 생각일 수도 있기 때문이죠. 하지만, K-Pop의 열풍으로 다양한 음악의 장르로서 더블베이스를 접하려는 인구는 증가하고 있어요. 아이러니하게 클래식 시장은 감소하고 있는데 더블베이스의 다양한 변화는 계속 증가하는 셈이죠. 장르 불문하고 더블베이스라고 보면 학생이 증가한 것은 사실이에요. 그 목적이 전공, 학생 취미, 성인 취미, 대학교 동아리 등 다양한 것 같지만요.

음대 입시 준비를 위한 악기의 수준은
어느 정도인가요?

편 실기 시험을 위해서는 악기도 좋아야 할 것 같은데요. 음악 대학을 목표로 하는 학생의 악기 가격대는 어느 정도인가요?

강 이 질문도 민감한 내용이기 때문에 개인적인 견해를 말씀드릴게요. 제 기준에서는 대략 2,000만 원부터 시작하면 무난한 것 같아요. 전공생이 사용할 첫 악기로서 좋지도 나쁘지도 않아요. 물론 그 이상의 악기로 시작할 수 있다면 더 좋겠죠. 그렇지만 실력이 낮으면 좋은 악기도 빛을 발할 수 없으니 악기도 실력과 함께 업그레이드 하는 것이 좋아요. 활은 중고 500만 원부터 시작하는 게 좋은 것 같아요. 그 정도는 되어야 연주할 때 테크닉을 자유롭게 구사할 수 있어요. 저도 대학 입시 때 악기는 대여했지만 활은 무리해서 샀어요. 그렇게 시작해서 업그레이드하면서 본인에게 맞는 악기를 찾으면 돼요. 악기를 구매한 후에도 본인과 맞지 않으면 다른 악기로 바꿀 수도 있어요. 무조건 비싸다고 본인에게 다 맞는 악기가 아니니 신중하게 잘 살피고 구매해야 해요. 악기의 구매 가격은 환율과 나라의 정세와 연관되어 있으니 참고하세요.

이 책을 읽는 입시생이나 전공생이 이 질문에 오해나 상처를 받지 않았으면 해요. 지극히 상대적인 기준이니까요. 사실 악기를 하는 사람에게 악기 가격은 엄청나게 민감한 질문이기 때문에 보통 잘 알려주려고 하지 않죠. 또한 연주자에게 악기가 얼마냐고 질문하는 것도 엄청난 실례예요. 간혹 끝까지 물어보시는 분들도 계시는데 곤란할 때가 한두 번이 아니었어요. 그럴 때는 얼추 말씀드려요. 그분들도 그 정도 가격을 생각하고 질문을 하셨을 테니깐요.

편 입시 실기 때 반주자는 본인이 섭외하나요?

강 네. 반주자는 본인이 동반해야 해요.* 보통 입시용 곡이 어느 정도 다듬어지면 반주자와 함께 레슨을 받아요. 학생 반주자보다는 실력 있는 반주자를 섭외해서 함께 준비하는 것이 좋아요. 우리나라는 입시가 치열해서 사전에 호흡을 맞춘 반주자를 동반하는 것이 불문율이에요. 입시뿐만 아니라, 콩

---

* 저자 주: 유럽의 경우는 학교 반주자가 있기 때문에 당일날 학교 반주자와 10분~20분 정도 리허설 후 시험을 보기도 한다.

쿠르나 오디션에도 해당되죠.

편 프로 연주자가 되려면 시간이 얼마나 걸리나요?

강 사실 프로라는 건 재능과 능력만 있으면 프로예요. 학위를 따지는 건 우리나라 정서이지 외국에서는 그렇지 않거든요. 유럽은 나이가 어려도 연주 실력이 있으면 무대에 올라갈 수 있어요. 무대에 선 사람은 프로라고 할 수 있죠. 물론 우리나라도 영재 아티스트라고 해서 어려서 데뷔 무대를 갖는 연주자들도 있죠.

더블베이시스트가 되기 위해서는
어떤 자질이 필요한가요?

편 더블베이시스트가 되기 위해서는 어떤 자질이 필요한가요?

강 신체적 조건으로는 키가 크면 유리해요. 운동 신경이 있으면 더 좋고요. 손이 클 필요는 없어요. 손가락이 너무 길면 오히려 느리게 반응할 수 있기 때문이죠. 그리고 손끝이 예쁘고 얇으면 지판을 짚는 힘이 약해요. 오히려 저처럼 개구리 손이 좋죠. 현을 짚을 때 딱 적당하게 짚을 수 있거든요. 그리고 남과 소통하려는 욕망이 있어야 해요. 내가 좋아하는 것을 다른 사람에게도 알려주고 싶은 마음이요. 혼자 만족하는 것보다는 소통하려는 마음이 있어야 좋은 더블베이시스트가 될 수 있죠. 거기에 끈기와 독기가 있으면 금상첨화예요. 악기가 크기 때문에 다른 악기들보다 연습량도 많고 디테일하게 부분 연습을 해야 하기도 하니까요.

무한한 가능성,
더블베이스

무대 리허설을 마치고 악기를 미리 의자 위에 올려놓은 모습. 오케스트라와 연주자에 따라 악기를 무대 위에 두기도 하고, 시작에 맞춰 들고 입장하기도 한다.

손으로 그를 쥐고 있을 때
나는 느낀다
묵직한 중압감을
그 기품 있는 몸체는
거짓된 온기를
고스란히 투과해 버린다

—

즈비그니에프 헤르베르트, <돌멩이> 중에서[*]

[*] Zbgniew Herbert, *Wiersze wybrane Zbgniew Herbert*, 정병권·최성은 옮김(2011), 『헤르베르트 시선』, 지식을만드는지식.

더블베이스는 어떤 악기인가요?

🔲 더블베이스는 어떤 악기인가요?

🔳 비올 족$^{Viol\ Family}$이면서도 바이올린 족$^{Vioiln\ Family}$에 속하는 악기예요. 더블베이스 자체는 역사가 깊지 않지만 비올과 바이올린의 두 특징을 모두 분석해야 하는 악기죠. 활을 사용하는 서양 악기군에서 가장 크고 크기가 큰 만큼 묵직한 소리를 내기 때문에 오케스트라의 현악기 가운데 가장 낮은 음역을 맡고 있어요.

🔲 더블베이스, 콘트라베이스, 콘트라바쓰 등 여러 가지로 불리던데 정확한 명칭이 어떻게 되나요?

🔳 영어로는 더블베이스$^{Double\ bass}$, 독일어로는 콘트라바쓰^{Der} $^{Kontrabass\ 또는\ Kontrabaß}$*, 불어로는 콩트하바쓰$^{La\ Contrebasse}$라고 해요. 콘트라베이스는 사실 콩글리시 같은 개념이에요. 독일어의 콘트라와 영어의 베이스가 합쳐진 거죠**. 그래도 대중적으로 많

---

* Kontrabaß: 독일어에서는 s가 두 개일 때 ß를 사용한다.

** 우리나라에서는 콘트라베이스(Contrabass)가 더 친숙하게 사용된다. 이는 파트리크

이 사용하니까 저도 일반적으로 구사할 때는 콘트라베이스라는 용어를 사용하기도 해요. 전문적으로 사용할 때는 콘트라바쓰, 베이스 또는 바쓰라고 칭하죠.

편 굉장히 크고 무거워 보이는데 크기와 무게가 얼마나 되나요?

강 일반적으로 크기는 2m, 무게는 15kg 정도 돼요. 웬만한 성인 남자 키보다 크죠. 하지만 악기마다 사이즈의 편차가 있어요. 크기±15cm, 무게±5kg 정도의 편차는 있어요. 제 악기도 표준보다 작아요.

쥐스킨트(Patrick Süskind)의 소설 *Der Kontrabass*가 『콘트라베이스』로 번역되어 출간되었기 때문이라고 추측한다. 콘트라(contra)의 사전적 의미는 라틴어의 '반대하여'이다. 이 용어가 악기에 쓰이면서 베이스보다 더 낮은음을 낸다는 의미로 정착했다. 그러므로 '콘트라베이스'란 정확히 말해 악기 이름이라기보다는 악기 종류에서 가장 낮은음을 내는 파트(part)를 지칭하는 말이라 할 수 있다.

Job
Propose 26

악기의 모양이 다양하다고 하던데요.

[편] 악기의 모양이 다양하다고 하던데요.

[강] 맞아요. 악기마다 모양과 크기가 다른데, 기본적으로 비올 모양과 바이올린 모양의 두 가지 유형으로 나뉘어요. 더블베이스라는 악기 자체는 바로크시대부터 있었던 악기가 아니에요. 르네상스와 바로크 시대에 '비올로네^{Violone}'라는 악기가 있었는데 연주하기가 편했다고 해요. 이 악기가 발전해 더블베이스가 되었는데, 이 과정에서 비올라와 바이올린의 영향에 따라 모양이 달라졌어요. 바이올린처럼 생긴 것도 있고 비올라처럼 엉덩이가 큰 것도 있어요. F홀(악기의 몸체 중간에 뚫려 있는 두 개의 구멍)을 중심으로 구분할 수 있죠. 제 악기는 바이올린처럼 생겼어요.

[편] 소리는 같나요?

[강] 음역대는 같지만 외형에 따라 음색이 조금씩 달라요. 제 악기 소리를 들으면 누구나 솔로 악기라는 걸 알 수 있어요. 소리가 얇거든요. 저는 솔리스트가 꿈이었기 때문에 솔로용 악기를 샀죠. 그런데 독일 입시에서는 솔로용 악기가 불리할

수도 있어요. 독일은 솔리스트보다 오케스트라를 더 중요하게 생각하니까요. 오케스트라용 악기는 목이 두껍고 통도 커서 소리가 듬직해요.

더블베이스의 2가지 모양

- 비올 모양: 뒷면이 평평하고 몸통의 윗부분이 위를 향하여 경사를 이루고 있다. 몸통 앞판의 가운데 부분이 C 모양을 이루며 구멍이 난 경우도 있고, 장미 모양으로 세 번째 구멍을 깎는 경우도 있다.
- 바이올린 모양: 몸통 윗부분인 어깨 부분이 반듯한 모양으로 제작되어 비올 모양의 어깨보다 넓다. 바이올린 족의 다른 악기처럼 f홀이 명확하게 조각되어 있고 코너 부분도 뾰족하다.

비올 모양   바이올린 모양

출처: 네이버 악기백과, 정홍래

더블베이스의 현

더블베이스는 네 개의 현을 가진 악기와 다섯 개의 현을 가진 악기가 있다. 4현은 높은음부터 아래로 G(솔)-D(레)-A(라)-E(미) 음이고, 5현은 보통 그 아래의 C(도) 음이 추가된다. 다른 현악기는 완전 5도 간격이지만, 현악기 중에서 더블베이스만 유일하게 완전 4도이다. 더블베이스는 대부분 네 개의 현으로 연주를 하는데 오케스트라에서는 다섯 개 현의 악기를 사용하거나 가장 저음인 E현에 C-머신이라는 장치를 스크롤에 부착해 음역을 확장시킨다. C-머신이 저음을 C음 또는 B음까지 낮추는 역할을 하는 것이다. 보통 4현은 솔로용, 5현은 오케스트라에서 주로 사용하지만 반드시 그런 것은 아니다.

5 Saite Kontrabass   4 Saite Kontrabass

출처: Yumi Kang. (2015). "Analyse über die wesentlichen Merkmale des Kontrabass und über das Werk, 'Konzert für Kontrabass und Orchester h-moll' von Giovanni Bottesini". *Der Kontrabass*. Saiten & Stimmung. 5.
윗글은 저자의 독일어 논문을 한국어로 번역한 글이다. "콘트라바쓰의 기본적인 특징과 조반니 보테시니의 콘체르토 b 단조에 대한 분석"

더블베이스의 튜닝

오케스트라 튜닝, 솔로 튜닝, High-C 솔로 튜닝 등이 있다. 오케스트라에서는 G-D-R-E 순으로 튜닝을 한다. 5현 악기를 쓸 때는 마지막 현을 B 또는 C로 튜닝하여 연주한다. 솔로 튜닝은 Fis-H-E-A 튜닝을 한다. 악보상으로는 오케스트라 튜닝 상태에 악보를 보지만 이미 튜닝을 Fis-H-E-A로 했기 때문에 장 2도 높게 들린다. 즉 D를 잡으면 E로 장2도 높게 들리는 것이다. High-C 솔로 튜닝은 1번 현을 높은 C로 튜닝을 하고 다음 현부터는 완전 4도로 C-G-D-R 튜닝을 한다. 더블베이스의 굵고 묵직한 소리보다는 첼로와 가까운 높은 고음 역대의 소리를 내고 싶을 때 High-C 튜닝을 한다.

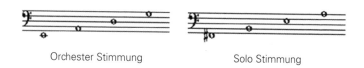

Orchester Stimmung   Solo Stimmung

4현 악기에 익스텐션이라는 기계를 장착해 5현 악기처럼 저음의 소리를 낼 수 있다. 스크롤을 조정하여 C(도), B(시) 등 곡에 따라서 음역을 넓히는 기계다. 보통 유럽보다는 미국 쪽에서 많이 사용한다.

C-Maschine

출처: Yumi Kang. (2015). "Analyse über die wesentlichen Merkmale des Kontrabass und über das Werk, 'Konzert für Kontrabass und Orchester h-moll' von Giovanni Bottesini". *Der Kontrabass*. Saiten & Stimmung. 4.
윗글은 저자의 독일어 논문을 한국어로 번역한 글이다. "콘트라바쓰의 기본적인 특징과 조반니 보테시니의 콘체르토 b 단조에 대한 분석"

활도 여러 종류인가요?

편 활도 여러 종류인가요?

강 프랑스식 활French Bow과 독일식 활German Bow 두 가지 유형이 있어요. 활 머리 부분이 차이가 있고, 가장 큰 차이는 프로그Flog 부분인 활을 잡는 모습이에요. 길이도 60~75cm로 조금씩 달라요. 저는 특이하게 독일식 주법을 쓰면서 프렌치 보우처럼 손가락과 손목을 결합한 저만의 주법으로 연주해요. 한국에서는 반기지 않는 방식이기에 학생들을 레슨할 때는 표준 주법으로 레슨을 한답니다. 한국은 독일 주법을 쓰고 손목을 쓰는 방식인데, 손목만 쓰면 솔로 연주가 둔해지는 것 같은 느낌을 받더라고요.

편 악기와 활은 세트인가요?

강 각각이에요. 참고로 전공자들을 위한 악기의 가격대는 1,000만 원대부터 1억 원대까지 다양하고, 취미로 배우려는 사람은 활, 송진, 융, 튜너기까지 포함해 100~500만 원대에서 적절한 악기를 선택할 수 있어요. 국산 악기의 경우 나무의 면적으로 악기의 가격이 측정되어서 바이올린 < 비올라

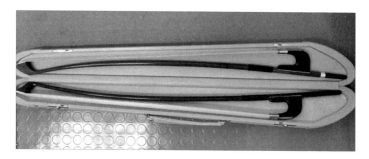

현재 소장하고 있는 활은 두 개다. 전문 연주자 치고는 많지 않은 편이다.

< 첼로 <더블베이스 순이에요. 물론 경제적인 여유가 된다면 그 이상의 악기를 구입하는 것도 좋아요.

활도 연주자용은 중고로 500만 원 정도 해요. 시세가 자주 바뀌기 때문에 악기나 활을 구입할 때는 악기사와 충분히 상담하는 것이 중요해요. 매물이 없을 때는 저렴한 활도 몸값이 비싸질 수 있거든요.

활 털은 소재가 말꼬리인데 6개월에 한 번 정도씩 바꿔주는 게 좋아요. 보통 전문 연주자들은 중요한 연주 때에도 활 털을 교체해요. 저 또한 그렇고요. 그리고 우리나라는 여름에 습하기 때문에 송진이 녹아서 활 털에 달라붙어요. 송진이 너무 과하게 묻어있으면 활 털 또한 제 역할을 하지 못하기 때

더블베이스 활(Bow)을 쥐는 두 가지 방법

- 독일식(German Form, German Bow): 연필을 잡듯이 자연스럽게 활을 감싸듯이 활대를 손아귀에 잡는다. 힘과 무게를 싣는 손가락은 엄지와 검지이며, 새끼손가락은 팔이 밑으로 떨어지지 않고 중심이 흐트러지지 않게 지지대 역할을 한다. 팔에 무게를 좀 더 보태고 싶은 연주자는 검지를 활대에 한마디 정도 올려서 무게를 싣기도 한다.

더블베이스의 저음인 웅장하고 강한 소리를 낼 수 있다. 팔을 전체적으로 사용하되 어깨, 팔꿈치, 손목 부분을 나누어 자연스럽게 Legato가 될 수 있도록 인위적인 연습이 필요하다. 특히 손목의 긴장을 풀고 근육을 이완시켜야 음악의 연결이 자연스럽게 이어질 수 있다.

- 프랑스식(French Form, French Bow): 다른 현악기 활의 모양과 비슷해서 연주법도 같은 방법이다. 활대 위쪽에 검지부터 새끼손가락까지 올려놓는 방식이다. 보테시니가 이 운궁법의 대표적인 연주자이다. 독일식보다 기교를 많이 발휘할 수 있고, 테크닉을 쉽고 효과적으로 나타낼 수 있다.

Deutscheform Bogen

Französischeform Bogen

출처: Yumi Kang. (2015). "Analyse über die wesentlichen Merkmale des Kontrabass und über das Werk, 'Konzert für Kontrabass und Orchester h-moll' von Giovanni Bottesini". Der Kontrabass. Bogenführung(=Bogenstrich). 8-9.
윗글은 저자의 독일어 논문을 한국어로 번역한 글이다. "콘트라바쓰의 기본적인 특징과 조반니 보테시니의 콘체르토 b 단조에 대한 분석"

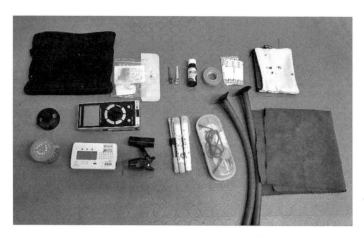

연주자의 파우치.

문에 여름이 지나면 또 교체한답니다.

　활 팁은 코끼리 상아로 만드는데 조심해서 다뤄야 해요. 예전에 리허설을 하다가 활 팁이 0.1mm쯤 나간 적이 있는데, 미세한 무게이지만 테크닉 구사에 영향을 미치더라고요. 이런 경우 악기사에 수리를 맡기죠.

악기는 해외에서 구입하는 게 좋은가요?

편 악기는 해외에서 구입하는 게 좋은가요?

강 제가 지금 사용하는 악기는 2013년 2월에 한국에서 샀어요. 유학 가기 전에 사용하던 악기가 펠만Pöllmann이라는 오케스트라용 독일 악기였는데, 크기가 너무 커서 물리적으로 저와 맞지 않았죠. 게다가 솔리스트가 목표인 제가 원하는 소리도 아니었고요. 그래서 독일 유학을 계기로 유럽에서 악기를 구입하려고 했어요. 해외에 좋은 악기가 더 많을 것 같았기 때문이죠. 하지만 솔로용 악기는 한국에 명품이 더 많다고 모든 선생님이 말리더라고요. 그때 마침 좋은 악기가 저렴하게 나와서 구입할 수 있었어요. 우리나라에도 좋은 악기가 많이 수입되어 있었던 거죠. 요즘은 중국과 대만에 명품 악기들이 많아요. 작고 편하고 소리 좋은 명품 악기들은 동양인들이 이미 소유하고 있기 때문에 오히려 유럽에서 좋은 악기를 찾기가 쉽지 않아요.

악기는 처음부터 고가를 살 수도 있지만 저처럼 업그레이드하는 방식으로 악기를 교체하는 경우도 있어요. 저도 처음에는 국산 악기를 쓰다가 업그레이드하면서 지금의 악기까

현재 사용하는 나의 악기.

지 온 거랍니다. 지금 악기는 사운드가 아쉬운 면이 있지만, 사이즈가 저와 잘 맞고 정도 들어서 바꾸지 못하겠어요. 현재 활은 2개를 사용하는데 3번 정도 바꿨어요. 메인으로 사용하는 활은 프로그 쪽이 더 무거운 솔로용 활이에요. 오케스트라에서 사용하는 활은 빨리 튕길 수 있도록 하기 위해 좀 더 가벼운 활을 사용한답니다.

운반은 어떻게 하나요?

편 악기가 커서 운반도 만만치 않을 것 같은데 운반은 어떻게 하나요?

강 다행히 제 악기는 트렁크에 들어갈 정도의 크기예요. 자동차로 이동할 수 있는 곳이라면 이동엔 문제가 없죠. 하지만 악기가 크기 때문에 사방팔방 부딪히곤 해서 악기를 메고 다닐 땐 조심해야 해요.

편 외국 공연 때 악기 운반은 어떻게 하나요?

강 예전에는 수화물로 실을 수 있었어요. 악기를 소프트케이스에 넣고 그걸 완충재로 싸서 다시 하드케이스에 넣으면 되거든요. 하지만 요즘은 거부하는 항공사가 많아요. 유학을 마치고 귀국할 때도 항공사에서 금지하는 바람에 악기를 익스프레스로 받았어요. 한 달 반이 걸렸어요. 그때 얼마나 마음고생을 했는지 몰라요. 미국은 잘 모르겠지만 루프트한자항공Lufthansa Airlines에 문의해보니 아직까지는 정상적 범위 내에서 악기 운반이 가능하다고 하네요. 대신 엑스트라 요금을 지불해야 해요.

악기를 책가방처럼 등에 메고 다니던 학부 시절. 오케스트라 연주를 보러 온 십년지기 친구와 장난치는 모습이다.

편 비행기 좌석에 싣고 가면 안 되나요?

강 가능해요. 하지만 리스크가 좀 큰 편이죠. 공항 내에서 계속 악기를 들고 다녀야 하고, 기내에 반입할 때는 아무래도 다른 승객에게 피해를 주게 되니까요. 체코 필하모닉 초청 협연 때는 좌석에 싣고 갔어요. 저랑 악기 각각 한 좌석씩 두 좌석을 예매했죠. 그런데 악기가 커서 좌석 하나로는 부족했어요.

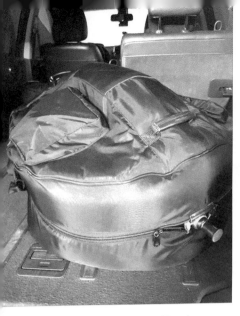

자동차에 악기를 실은 모습.
보통 SUV에는 두 대 정도 들어가며,
세단의 경우는 조수석을 눕혀 일자
로 실을 수 있다.

오케스트라 연주를 위해 버스에 악기를 실은 모습.

기내에서 이코노미 세 좌석을 혼자서 사용했다.

더블베이스를 수하물로 부치기 위해 하드케이스에 넣어 끌고 가고 있다. 이때는 케이스가 터져서 고생하기도 했다. 윗부분을 자세히 보면 테이프로 감은 모습을 볼 수 있다.

프랑스에서 완전히 귀국할 당시 악기를 운반해 줄 수 없다는 항공사와 실랑이 끝에 익스프레스로 한 달 반이 지나 겨우 받을 수 있었다. 인천으로 받으러 갔는데 어마무시한 관(?)이 있어서 한참을 멍하게 바라보았다. 저 안에 내 악기가 있었다. 그동안 악기를 못 찾을까 봐 마음고생이 심했는데 정말 다행이었다. 저 상태로는 SUV에도 실리지 않아 상자를 뜯고 악기만 꺼내 운반했다.

다행히 항공사에서 같은 줄의 세 좌석을 모두 사용할 수 있도록 편의를 배려해줘서 무사히 다녀올 수 있었어요. 하지만 비용 면에서 매번 세 좌석을 구매하기는 어려울 것 같아요.

편 올해 유럽 공연 때 악기는 어떻게 하실 건가요?

강 이번에는 가지고 나갈 수가 없어서 대여해야 할 것 같아요. 공연하는 오스트리아 빈에서 바로 대여할지, 프랑스 유학 시절 다니던 악기사에서 대여하고 매니저가 자동차로 운반해서 올지는 아직 결정되지 않았지만요. 그런데 운반이 가능한 항공사도 있어서 악기를 가져갈까 하는 생각도 있어요.

악기는 어떻게 관리하나요?

편 악기를 남자친구라고 하셨잖아요. 그만큼 악기가 소중하다는 의미일 텐데 어떻게 관리하나요?

강 이렇게 말하면 이상한 사람처럼 보일 수도 있지만, 연습이 끝나면 닦아주고 이뻐해 주고 마음속으로 말을 걸어줘요. 한 몸이 되어야 같은 소리를 낼 수 있거든요. 제가 화가 나고 짜증나면 악기도 화내고 짜증 나는 소리가 나요. 악기는 환경에 민감하게 반응해서 바로 소리로 나타나는데 저의 기분을 악기가 알아채서 소리로 표현하더라고요. 그래서 항상 연습이 끝나면 오늘도 수고했다면서 융(악기를 닦는 천)으로 닦아주면서 토닥거리죠.

편 소재가 나무이기 때문에 습도나 온도에 민감할 것 같아요.

강 습도가 높아 수분이 많아지면 나무가 팽창하고, 반대로 습도가 낮아 수분이 부족해지면 나무가 수축해 악기가 쩍 갈라지기도 해요. 겨울에는 가습기, 여름에는 제습기를 필수로 사용해야 하죠. '댐핏^{Dampit}'이라고 하는 가습 도구를 쓰기도 해요. 저는 여름에는 제습기와 에어컨을 맞춰 놓고 거실에 악기를 둬요. 평상시에는 케이스에 잘 넣어두는 것만으로도 절반은 성공이에요. 가습기와 제습기를 적절하게 사용하는 것이 관건이죠. 요즘에는 악기용 습도 측정기가 시중에 판매되어서 쉽게 측정이 가능해요. 적정한 온도는 18~25℃, 습도는 45~60%예요.

편 악기가 깨지기도 하나요?

강 악기 소재가 우리의 수명보다 오래된 나무라서 조금이라도 온도와 습도가 바뀌면 예민하게 반응해요. 하지만 깨지는 경우는 거의 없어요. 없도록 해야죠. 절대로요…. 만약 깨진

댐핏(Dampit) 사용 팁

악기의 F홀 사이에 끼워 사용한다. 건조한 겨울철에는 댐핏을 물에 적신 후 물기를 적당히 빼 F홀 사이에 끼우고, 습할 때는 완전히 건조시킨 다음 끼우면 댐핏이 물기를 빨아들여 습도를 조절하는 원리다.

다면 몇백만 원 몇천만 원의 수리비가 들겠죠. 차라리 악기를 다시 구매하는 편이 나을지도 몰라요. 악기의 이음 부분이 터질 수는 있어요. 그 정도는 무상 또는 5만 원 정도의 비용으로 간단하게 수리를 맡길 수 있어요.

편 공연이 있는데 악기가 망가지면 어떻게 하나요?

강 절대 그런 일이 생겨서는 안 되죠. 생각만 해도 끔찍하네요. 하늘이 무너져도 그런 일이 생기면 안 되지만 만약에 그런 일이 생겼다면 주변의 악기사에서 빌리거나 해야겠죠. 망가진 정도가 미세하면 사용할 수도 있어요. 잡소리가 날 수도 있는데 최대한 잡소리가 나지 않도록 연주 주법에서 해결해야 해요. 도저히 안 될 때는 연주 자체를 포기하든가 해야 하죠. 하지만 어떻게든 공연을 마무리 지어야 해요. 그게 연주자의 최선이니깐요.

앞으로의 목표는 무엇인가요?

편 앞으로의 목표는 무엇인가요?

강 행복하게 음악을 하면서 후학을 양성하고, 제가 운영하는 실내악 단체인 'YJ 라포레 솔로이스츠'를 우선 10년 동안 유지하는 게 목표예요. 그 후 단체를 위한 또 다른 목표를 세울 계획이에요. 한 단체를 꾸준히 이끌어 간다는 것이 얼마나 어려운 일인지 요즘 뼈저리게 깨닫는 중이거든요. 저는 무대에서 돋보이고 싶다기보다는 소규모 홀에서 관객과 같이 호흡하는 게 좋아요. 'YJ 라포레 솔로이스츠'를 통해 이를 실현하고, 많은 사람들이 클래식 음악을 듣는 데 기여하고 싶어요. 일상에서 지친 사람들에게 따뜻한 음악으로 도움이 되고 싶은 게 제 꿈이에요.

편 현재의 삶에 만족하시나요?

강 지금 만족하는 건 너무 이른 것 같아요. 그렇다고 행복하지 않다는 것은 아니고요. 목표가 아직 남아있기에 더 노력하는 중이에요. 더블베이시스트로서 더 만족하고 싶어요.

더블베이시스트를 꿈꾸는 청소년들에게 하고 싶은 말

편 마지막으로 더블베이시스트를 꿈꾸는 청소년들에게 한 말씀 부탁드려요.

강 음악가를 꿈꾸는 청소년으로 범위를 넓혀 말씀드릴게요. 자신의 꿈을 위해 도전했으면 해요. 나의 감정을 음악으로 표현하고 싶은 학생이라면 충분히 가능할 거예요. 음악은 상처를 치유할 수 있는 '예술'이에요. 음악으로 좋은 추억을 되살리거나 행복한 감정을 전달할 수 있죠. 하나하나의 모든 악기가 모여 오케스트라를 완성하듯이 여러분의 인생도 악기처럼 없어서는 안 될 존재라는 것을 잊지 않았으면 해요. 그리고 또 한 가지, 체력을 키우세요.

지치지 않는 체력이 있다면 충분한 연습과 바쁜 일정을 모두 소화할 수 있는 훌륭한 베이시스트가 될 거예요. 당연한 말이지만 노력 없이 안되는 거 아시죠?

❝

더블베이스에서 가장 중요하다고 할 수 있는
다음 협주곡을 분석해 볼까요?
대학 입시와 오케스트라 입단을 위해서
필수적으로 해야 하는 곡 중 하나이므로
자신만의 곡 해석이 중요해요.

❞

칼 디터스 본 디터스도르프(1739-1799)

Karl Ditters von Dittersdorf

콘트라바쓰와 오케스트라를 위한 협주곡 E 장조
1악장 Allergro moderato
그리고 하인츠 칼 그루버의 카덴자를 포함
Konzert für Kontrabass und Orchester E-Dur
Allegro moderato 1. Satz
mit dem Heinz Karl Gruber Kadenzen

원본 악보
Karl Ditters von Dittersdorf. *Konzert für Kontrabass und Orchester E-Dur* (*Krebs 172*),
Herausgegeben von Franz Tischer-Zeitz, Klavierauszug. Germany: SCHOT

분석 악보
Karl Ditters von Dittersdorf. *Konzert für Kontrabass und Orchester E-Dur* (*Krebs 172*),
Herausgegeben von Franz Tischer-Zeitz, Klavierauszug. Germany: SCHOTT

카덴자 악보
Heinz Karl Gruber. *Kadenzen zum Konzert E für Kontrabaß und Orchester von K.D.v.
Dittersdorf*, bearbeitet von Ludwig Streicher. Wien-Müchen(Germany): VERLAG
DOBLINGER.

Job
Propose 26

Konzert in E-Dur

Bearbeitet und herausgegeben von
Franz Tischer-Zeitz

Karl Ditters von Dittersdorf
1739-1799

I

Allegro moderato

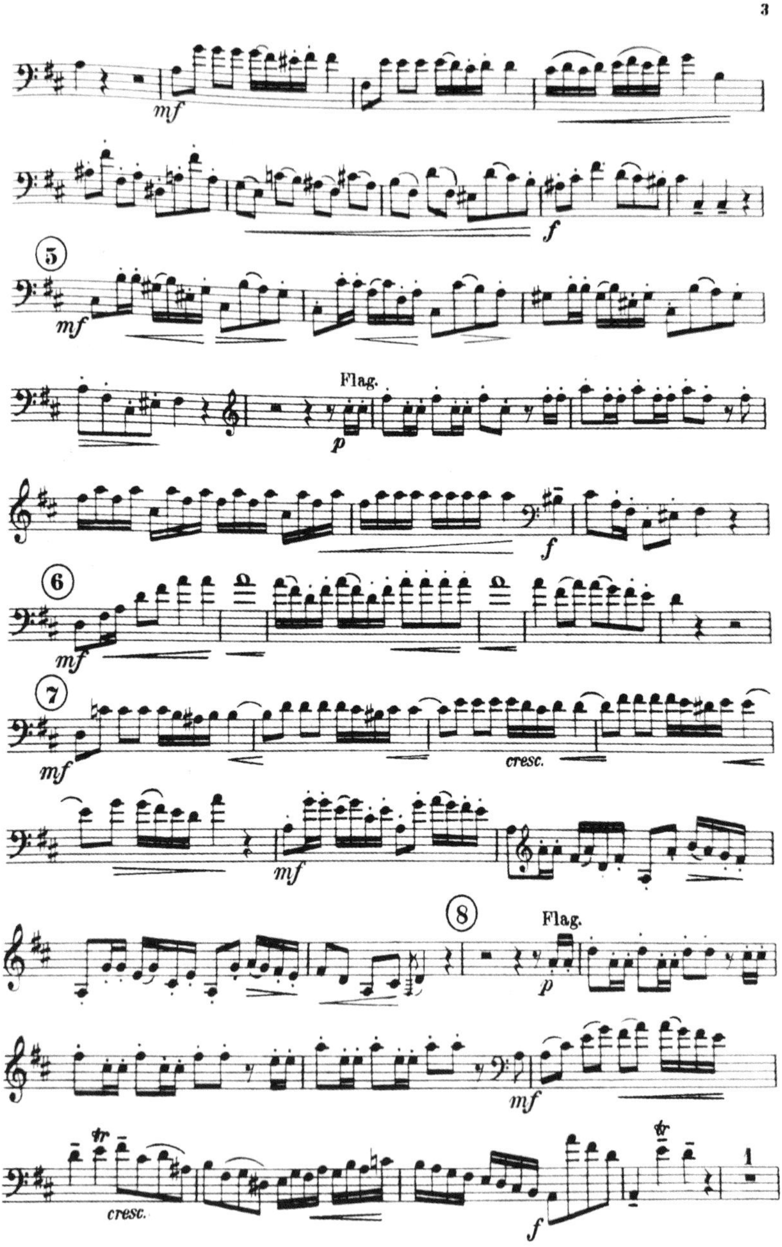
3
mf
f
5
mf
Flag.
p
f
6
mf
7
mf
cresc.
mf
8
Flag.
p
mf
tr
cresc.
f
1

Kadenzen zu K. D. v. Dittersdorfs Konzert
für Kontrabaß und Orchester in E

Heinz Karl Gruber
bearbeitet von Ludwig Streicher

1. Satz

© Copyright 1978 by Ludwig Doblinger (Bernhard Herzmansky) K.G., Wien, München
Printed in Austria   D 15 704

Konzert in E-Dur

Bitte bei Aufführungen die Namen der Autoren im Programm nennen!

Kadenzen zu K. D. v. Dittersdorfs Konzert
für Kontrabaß und Orchester in E

Heinz Karl Gruber
bearbeitet von Ludwig Streicher

1. Satz

Allegro moderato

D. 15.704

더블베이스 공연
엿보기

"

공연 당일에는 타임테이블에 따라 진행해요.
일정표대로 리허설을 진행하고 무대 설치에 필요한
장비도 체크하죠. 보통 독주회 같은 큰 공연은
연주자가 연주에만 집중할 수 있도록
클래식 전문 기획사에서 관리하는 것이 기본이에요.
자, 그럼 저자의 귀국 독주회를 따라가 볼까요.

"

강선률 귀국 독주회 당일 타임 테이블

구분	IN	OUT	조명	출연진	곡목
				공연 시작 전 – 콘트라바쓰 보면대 1개 IN	
1	7:30		ON	콘트라바쓰 / 피아노	J.M. Sperger Sonate h-moll (T36) für Kontrabass und Klavier
2		7:47	OFF	퇴장	
3	7:48		ON	콘트라바쓰 / 피아노	F. Proto Sonate 1963 für Kontrabass und Klavier
4		8:01	OFF	퇴장	
5			OFF	추가 – 클라리넷 보면대 1개 IN	
6	8:02		ON	콘트라바쓰 / 피아노 / 클라리넷	M. Bruch Acht Stücke Trio Kontrabass und Klavier
7		8:15	OFF	퇴장	
8			OFF	콘트라바쓰, 클라리넷 보면대 각각 OUT	
INTERMISSION – 17minutes					
				콘트라바쓰 보면대 사용 안함	
9	8:37		ON	콘트라바쓰 / 피아노	G. Bottesini Grande Allegro di Concerto "Alla Mendelssohn"
10		8:52	OFF	퇴장	
11			OFF	콘트라바쓰와 클라리넷 보면대 각가 1개 IN	
12	8:53		ON	콘트라바쓰 / 피아노 / 클라리넷	Grand Duetto per Clarinetto, Contrabasso e Pianoforte
13		9:08	ON	퇴장	
14	9:08		ON	앵콜	
공연 종료					

세종문화회관 체임버홀

01

공연 6시간 전

공연장으로 출발

연주 당일에는 짐이 많기 때문에 악기는 미리 차에 실어 놓고,
의상 등 필요한 짐은 이동이 편하도록 캐리어를 이용한다.

공연장 도착,
대기실로 이동

02
공연 5시간 전

헤어와 메이크업

03

공연 2시간 30분 전

Job
Propose 26

대기실 풍경

간단하게 요기를 하고 반주자와 가벼운 농담을 하며 긴장을
푼다.

04

공연 2시간 전

리허설

리허설을 하면서 사운드를 체크하고 근육이 릴랙스 될 수 있도록 손을 푼다.
리허설 때는 최대한 에너지를 아껴서 사용한다.

05

공연 1시간 전

티켓 박스
오픈

로비에서는 공연을 위한 티켓 박스를 오픈한다.
로비 모니터를 통해 연주자의 모습을 볼 수 있다.

06

공연 30분 전

리허설 마무리, 공연장 오픈

공연 직전 시작 알림이 울리고 주의사항을 방송으로 공지한다.
연주자는 대기실과 공연장이 연결된 문 앞에서 대기한 후 입장한다.

07

공연 시작

08

공연 종료

끝인사

공연이 끝난 후 관객들에게 정중하게 인사를 한다. 공연에
귀한 발걸음 해준 관객을 위해 로비로 나가 인사한다.

더블베이스의 길을 걷게 해준 입시 선생님과 함께.

독주회를 도와준 반주자와 클라리넷 연주자와 함께.

마지막으로 가족과 함께(남동생이 불참해 아쉬움이 크다).

청소년들의 진로와 직업 탐색을 위한
잡프러포즈 시리즈 26

화려한 저음의 매력
더블베이스*

2019년 10월 1일 | 초판 1쇄
2023년 3월 27일 | 초판 3쇄

지은이 | 강선률
펴낸이 | 유윤선
펴낸곳 | 토크쇼

편집인 | 김정희
디자인 | 김경희
마케팅 | 김민영

출판등록 2016년 7월 21일 제2019-000113호
주소 | 서울시 서초구 나루터로 69, 107호
전화 | 070-4200-0327
팩스 | 070-7966-9327
전자우편 | myys327@gmail.com
블로그 | http://blog.naver.com/talkshowpub
ISBN | 979-11-88091-62-1 (43190)
정가 | 15,000원